L'ENCHIRIDION

Dalla lezione all'azione!

EPITTETO

Adattato per il lettore di oggi da Sam Nusselt

∎∎∎

Elenco dei collaboratori: Epitteto (Epictetus), Elizabeth Carter

Epitteto è stato un filosofo greco vissuto tra il 55 e il 135 d.C. Nato in schiavitù a Hierapolis, in Frigia (l'attuale Turchia), ottenne in seguito la libertà. Gli insegnamenti di Epitteto erano incentrati sullo stoicismo e sottolineavano l'importanza dell'autodisciplina, dell'accettazione del destino e della ricerca della virtù. Sebbene non abbia scritto nessuno dei suoi insegnamenti, il suo allievo Arriano, un senatore romano, compilò i "Discorsi" e l'"Enchiridion", basati sulle lezioni di Epitteto. La filosofia di Epitteto ebbe una grande influenza sui filosofi stoici successivi e continua a essere studiata e rispettata ancora oggi.

L'ENCHIRIDION – Dalla lezione all'azione!

Adattamento, Copertina © 2023 Proprietario dell'ISBN

LEGENDARY EDITIONS

Copertina/Immagine: Creata Su Licenza Commerciale da Midjourney Inc. Il 18/07/2023. Data Di Entrata In Vigore Della Versione Dei Termini Di Servizio: 21 luglio 2023.

Tutti i diritti riservati. Nessuna parte di questo libro può essere utilizzata o riprodotta in alcun modo senza il preventivo permesso scritto.

Edizione/Versione: 1/7 [Revisionato il 12 giugno 2024]

1. Etica.   2. Stoici.   3. Vita.

■ AΩ ■

Esclusione di responsabilità: le informazioni contenute in questo documento hanno uno scopo esclusivamente educativo e di intrattenimento. È stato fatto ogni sforzo per presentare informazioni accurate, aggiornate, affidabili e complete. Non viene espressa o implicita alcuna garanzia di alcun tipo. I lettori riconoscono che l'autore non è impegnato a fornire consigli legali, finanziari, medici o professionali. I contenuti di questo libro sono stati ricercati da & varie fonti. Si prega di consultare un professionista abilitato prima di tentare una qualsiasi delle tecniche descritte in questo libro. Leggendo questo documento, il lettore accetta che in nessun caso l'autore potrà essere ritenuto responsabile di eventuali perdite, dirette o indirette, subite in seguito all'uso delle informazioni contenute in questo documento, compresi, ma non solo, errori, omissioni o imprecisioni.

Espandete i vostri orizzonti letterari e regalate la gioia della lettura: Scoprite un mondo di libri accattivanti che ispirano, educano e divertono!

https://www.legendaryeditions.art/

CONTENUTI

CAPITOLO 1 — COSA È SOTTO IL NOSTRO CONTROLLO 1

    Raggiungere la vera libertà e felicità riconoscendo e accettando ciò che è sotto il nostro controllo 1

    Trova la felicità spostando l'attenzione sui desideri che puoi controllare 4

    Apprezzare l'Essenza delle Cose e delle Relazioni 5

    Usa la preparazione mentale per rimanere allineato con i tuoi valori fondamentali 6

    Il potere dei giudizi personali e della crescita 7

    Raggiungere il vero successo: Abbracciare l'umiltà e prendere il controllo delle tue azioni 8

    Dando priorità all'Inquadramento Generale: Navigando nella Vita e sulla Nave 9

CAPITOLO 2 — COMPORTAMENTO CORRETTO 13

    Abbracciando l'accettazione: Trovando tranquillità nell'imprevedibilità della vita 13

    Superare la malattia: Il potere delle morali perseveranti 15

    Sviluppo della forza interiore: Resistere alle influenze esterne 16

    Il Concetto di Perdita e Possesso 18

    Abbracciando la Serenità e Lasciando da Parte le Preoccupazioni Materiali ... 19

    Equilibrio tra autenticità e gestione dell'impressione 21

CAPITOLO 3 — MASTERY DELLE IMPRESSIONI 23

    Il potere di controllare i propri desideri ed evitare delusioni 23

    Affrontare la Vita con Grazia e Pazienza: Il Percorso verso la Grandezza Meritata 24

    L'interpretazione della sofferenza: comprensione delle reazioni emotive ... 26

    Il Potere del Drammaturgo: Abbraccia il Tuo Ruolo Assegnato 27

Il Potere della Percezione nell'Interpretazione di Segni e Presagi 28
 Trova la vera Felicità e Libertà: Il potere di controllare ciò che puoi 29
 Prendi il controllo delle tue Emozioni: Il potere della percezione 30
 Abbracciare la Morte e Coltivare una Mentalità Positiva 31
 Sfide nell'approfondimento della filosofia 32

CAPITOLO 4 — PREPARAZIONE MENTALE 35

 Abbracciare la Saggezza Interiore: Il Sentiero per Vivere una Vita Significativa 35
 Vivere una Vita di Onore e Significato 36
 L'importanza della gestione delle aspettative e della ricerca di percorsi individuali 39
 Trattati con Compassione e Comprensione 40
 Il Significato della Malvagità nel Mondo 41
 La Vulnerabilità della Tua Mente: La Stai Regalando Troppo Facilmente? 43
 Scegliere il proprio percorso: L'importanza della riflessione e dell'impegno 45
 Navigare le responsabilità sociali: Il potere delle relazioni e della riflessione personale 47

CAPITOLO 5 — RUOLI E DOVERI SOCIALI 49

 L'importanza delle credenze e della mentalità nella devozione agli dei 49
 Il ruolo della divinazione e della ragione nel processo decisionale 51
 Sviluppare un carattere forte e nobile: Linee guida per interagire con gli altri 52
 Navigare il piacere: trovare equilibrio e resistere alla tentazione 56
 Abbraccia le tue convinzioni e supera i pregiudizi 58
 Trovare l'equilibrio tra cura di sé e contesto sociale durante i pasti 59
 Le conseguenze di assumere ruoli irraggiungibili 61
 Proteggere la tua Guida Interiore: La Chiave per il Benessere e la Navigazione Sicura 62
 Posizioni Proporzionali: Mantenere l'Equilibrio ed Evitare l'Eccesso 64

CAPITOLO 6 — FORZA MENTALE E AZIONI ADEGUATE 67

 Valorizzare le giovani donne: andare oltre l'apparenza 67
 Equilibrio tra benessere fisico e mentale 69
 Navigare le Interazioni Negative: Comprendere le Prospettive Altrui 71
 Affrontare i conflitti con compassione: Gestione delle situazioni difficili in famiglia 73
 Comprendere le dichiarazioni: Andare oltre le superficiali comparazioni 74

CONTENUTI

Comprendere le motivazioni: L'importanza di evitare il giudizio 75
Incarna i principi filosofici attraverso le azioni... 76
Abbracciare la semplicità: il potere della discrezione nella cura di sé 77
Ricerca del Progresso: Assumere la Responsabilità e Liberarsi dalle Influenze Esterne 78
Raggiungere una vera comprensione: Oltre all'interpretazione e all'azione 80
Abbracciare principi indistruttibili e ignorare le opinioni degli altri 81
Rivendica il tuo valore e ottieni progressi: Abbraccia il miglioramento personale e vivi con un obiettivo... 82
Vivere secondo i principi filosofici 83
Il potere della connessione spirituale e della resilienza.................................... 85

INDICE **87**

PREFAZIONE

Benvenuti al profondo e trasformativo viaggio che si cela all'interno di queste pagine.

In questo volume, intraprendiamo un'esplorazione della saggezza senza tempo di Epitteto, uno dei filosofi stoici più influenti di tutti i tempi. Ispirata dalle esigenze e dalle sfide del lettore moderno, questa guida allinea splendidamente la filosofia stoica antica con le complessità e le esigenze del nostro mondo contemporaneo.

Entra in un mondo dove le profonde parole di Epitteto vengono abilmente presentate e adattate per risuonare con la tua anima. Tuffati nel seducente regno dei principi stoici mentre prendono vita attraverso un'analisi illuminante e una prospettiva fresca sulla loro applicazione nella nostra vita quotidiana.

Attingendo dal manuale conciso e prezioso scritto da Epitteto stesso, noto come "Enchiridion", gettiamo le basi per questo viaggio trasformativo. Con la massima cura e reverenza, l'autore esplora i principi essenziali dello stoicismo, guidandoci verso un'esistenza più significativa e virtuosa.

Esplora il potere dell'accettazione, della comprensione di ciò che è sotto il nostro controllo e ciò che non lo è. Approfondisci la ricerca dell'autodominio e l'arte di abbracciare la gratitudine. Mentre l'autore illumina questi concetti profondi, ci troviamo di fronte a esempi riconoscibili e trasmessi in uno stile conversazionale e accessibile che garantisce l'assimilazione senza soluzione di continuità dei principi stoici nella nostra vita quotidiana.

Tuttavia, questa guida non è semplicemente un deposito di conoscenza. È un invito all'azione, un invito a intraprendere un'odissea trasformativa di autoriflessione e auto-miglioramento.

PREFAZIONE

Con esercizi e appunti stimolanti, l'autore ci permette di interiorizzare gli insegnamenti stoici, scoprire il nostro vero potenziale e abbracciare una vita di realizzazione e tranquillità.

Mentre percorri queste pagine, non solo incontrerai la saggezza degli antichi, ma scoprirai una bussola per navigare le sfide della nostra era moderna con chiarezza, scopo e grazia.

Benvenuti alla guida definitiva dello stoicismo. Possa essa servire come tuo fedele compagno in questa straordinaria avventura di auto-scoperta e trasformazione personale.

CAPITOLO 1

— COSA È SOTTO IL NOSTRO CONTROLLO

In questo primo capitolo, Epitteto getta le basi della filosofia stoica enfatizzando l'importanza di comprendere ciò che possiamo e ciò che non possiamo controllare. Ci esorta a concentrare la nostra energia sui nostri pensieri, decisioni e preferenze, piuttosto che essere consumati da fattori esterni come il denaro, lo status sociale e il benessere fisico, i quali sono al di fuori del nostro controllo. Adottando questa mentalità, possiamo scoprire una vera libertà e pace interiore nelle nostre vite.

> Raggiungere la vera libertà e felicità riconoscendo e accettando ciò che è sotto il nostro controllo

1. A volte abbiamo il controllo su alcune cose nella nostra vita, mentre altre sono semplicemente fuori dal nostro controllo. Le cose che possiamo controllare includono le nostre scelte, i desideri e le azioni - fondamentalmente tutto ciò che è sotto il nostro potere. D'altra parte, le cose che non possiamo controllare sono come i nostri corpi fisici, le nostre proprietà, la nostra reputazione e la nostra posizione nella società - fondamentalmente tutto ciò su cui non abbiamo influenza.

È importante riconoscere che le cose che possiamo controllare sono naturalmente illimitate e non influenzate da fattori esterni, mentre le cose che non possiamo controllare sono vulnerabili, subordinate e facilmente influenzate dalle circostanze esterne. Quindi, è fondamentale capire che se consideriamo qualcosa che è intrinsecamente restrittivo come qualcosa di libero, o se affermiamo come nostro qualcosa che non lo è, ci limiteremo solo, ci sentiremo frustrati, saremo in uno stato costante di agitazione e daremo la colpa sia agli altri che a noi stessi.

Tuttavia, se riconosciamo solo ciò che è veramente nostro come tale e ciò che non è nostro come ciò che realmente è, nessuno potrà mai costringerci a fare qualcosa contro la nostra volontà, nessuno ci tratterrà, non incolperemo o troveremo difetti in nessuno, non faremo nulla contro i nostri desideri, non avremo nemici personali e nessuno potrà farci del male perché nulla può veramente farci del male.

Con tali aspirazioni elevate in mente, è importante ricordare che per raggiungerle sarà necessario un notevole sforzo da parte nostra. Potremmo dover rinunciare completamente ad alcune cose e rimandare altre al momento giusto. Ma se desideriamo sia queste cose che il successo materiale, come ricchezza e status, potrebbe non riuscire a ottenerle nemmeno quest'ultime perché ci stiamo concentrando anche sulle prime. E alla fine, non riusciremo a raggiungere la vera libertà e felicità che derivano solo dalla ricerca di quegli obiettivi più elevati.

Pertanto, fin dall'inizio, fa un'abitudine di affrontare qualsiasi influenza esterna negativa riconoscendo che sono esterne e non veramente ciò che sembrano. Quindi, valutale e analizzale utilizzando i criteri che hai sviluppato, con l'importante criterio di capire se la situazione è sotto il tuo controllo o meno. E se riguarda qualcosa al di là del tuo controllo, sii preparato a rispondere con la consapevolezza che non ti riguarda personalmente.

Dalla lezione...

Riconosci ciò che puoi e ciò che non puoi controllare e concentra i tuoi sforzi sulle cose che rientrano nelle tue possibilità per raggiungere la vera libertà e felicità.

All'azione!

(1) Riconosci le cose che sono sotto il tuo controllo, come le tue scelte, i tuoi desideri e le tue azioni.

(2) Capisci che i fattori esterni non possono né limitare né influenzare le cose che hai sotto controllo.
(3) Distingui tra ciò che è realmente tuo e ciò che non lo è, resistendo alla tentazione di affermare la proprietà su cose che sono al di là del tuo controllo.
(4) Evita di limitarti considerando cose restrittive come libere o pretendendo qualcosa che non ti appartiene come tuo.
(5) Accetta che le cose al di fuori del tuo controllo siano intrinsecamente vulnerabili e facilmente influenzate dalle circostanze esterne.
(6) Evita di attribuire la colpa agli altri o a te stesso per questioni che sfuggono al tuo controllo.
(7) Riconosci ciò che veramente ti appartiene e ciò che non ti appartiene, e non lasciare che nessuno ti costringa a fare qualcosa contro la tua volontà.
(8) Non permettere che influenze esterne ostacolino il tuo progresso verso i tuoi obiettivi personali o ti tratteniamo.
(9) Evita di incolpare gli altri per circostanze che sono al di fuori del loro controllo.
(10) Allinea le tue azioni con i tuoi desideri e astieniti dal partecipare a qualcosa che contraddica i tuoi autentici desideri.
(11) Coltiva una mentalità che eviti di creare nemici personali, poiché ciò ostacola solamente il tuo cammino verso la vera libertà e felicità.
(12) Renditi conto che nulla può veramente nuocerti se comprendi e accetti i limiti delle cose al di là del tuo controllo.
(13) Capisci che per raggiungere le tue aspirazioni è necessario fare uno sforzo significativo e potrebbe richiedere di lasciare temporaneamente o completamente certe cose.
(14) È importante riconoscere che attribuire uguale importanza sia alla crescita personale che al successo materiale potrebbe ostacolare il raggiungimento di entrambi gli obiettivi.
(15) Cerca una vera libertà e felicità perseguendo aspirazioni più elevate, invece di concentrarti unicamente sulla ricchezza e lo status sociale.

CAPITOLO 1 — COSA È SOTTO IL NOSTRO CONTROLLO

(16) Sviluppa l'abitudine di affrontare le influenze esterne negative, riconoscendo la loro natura esterna e prendendo coscienza della loro mancanza di vero impatto su di te.
(17) Valutare e analizzare le influenze esterne, prendendo in considerazione se sono o meno sotto il tuo controllo.
(18) Quando ti trovi di fronte a circostanze che sono fuori dal tuo controllo, è importante rispondere con la consapevolezza che non hanno un impatto personale su di te.

> **Trova la felicità spostando l'attenzione sui desideri che puoi controllare**

2. Ricorda, la chiave per realizzare i tuoi desideri è concentrarti su ciò che vuoi, evitando ciò che non vuoi. Se non riesci a ottenere ciò che desideri, è sfortunato, e se finisci per sperimentare ciò che volevi evitare, è una disgrazia. Tuttavia, ciò si applica solo alle cose che dipendono da te. Cercare di evitare cose come malattia, morte o povertà, che sono al di là del tuo controllo, porterà solo sfortuna. Invece, indirizza la tua avversione verso cose innaturali e controllabili.

Ma per ora, lascia completamente andare i tuoi desideri. Se desideri qualcosa al di là del tuo controllo, sei destinato a essere infelice. Inoltre, le cose che dipendono da te e sarebbero benefici desiderare non sono facilmente raggiungibili. Quindi, invece, concentrati su fare scelte e rifiuti, ma fallo leggermente e senza metterti troppa pressione.

> *Dalla lezione...*
>
> Concentrati sui tuoi desideri ed evita ciò che non vuoi. Tuttavia, questo principio dovrebbe essere applicato solo alle cose che sono sotto il tuo controllo. Reindirizza qualsiasi avversione che potresti provare verso cose che puoi davvero influenzare, invece di sprecare energia in cose incontrollabili e innaturali. Inoltre, è fondamentale lasciar andare i desideri che sono al di là del tuo controllo per evitare infelicità e pressioni inutili.

> *All'azione!*
>
> (1) Concentrati sui tuoi desideri ed evita ciò che non desideri.

CAPITOLO 1 — COSA È SOTTO IL NOSTRO CONTROLLO

(2) Capisci che non riuscire a raggiungere gli obiettivi desiderati è sfortunato, mentre vivere ciò che volevi evitare è considerato sfortuna.
(3) Riconosci che alcune cose, come la malattia, la morte e la povertà, sono al di là del tuo controllo e cercare di evitarle potrebbe portare sfortuna.
(4) Indirizza la tua avversione verso oggetti innaturali e incontrollabili.
(5) Lascia andare i desideri che sono al di là del tuo controllo, così da prevenire l'infelicità.
(6) Invece, concentrati nel prendere decisioni ed esercitare il tuo potere di dire di no quando si tratta di questioni che rientrano nel tuo controllo.
(7) Fallo con facilità e senza metterti inutilmente sotto pressione.

Apprezzare l'Essenza delle Cose e delle Relazioni

3. Mentre ti impegni in attività che ti procurano gioia, che hanno uno scopo o un valore sentimentale, prenditi un momento per riflettere sulla loro essenza. Inizia anche con le cose più piccole e chiediti: "Qual è la loro vera natura?" Ad esempio, se hai una tazza preferita, riconosci il tuo affetto per essa, capendo che, se si dovesse rompere, non ti addolorerebbe troppo gravemente. Allo stesso modo, quando mostri affetto a tuo figlio o al tuo coniuge, ricordati che stai abbracciando un essere umano, così che in caso di tragedia, non sarai completamente devastato.

Dalla lezione...

Prenditi un momento per riflettere sulla vera essenza e sulla natura fugace delle cose che hai a cuore. Questo ti aiuterà a evitare la devastazione schiacciante che inevitabilmente segue quando le perdi.

All'azione!

(1) Prenditi un momento per riflettere sull'essenza delle cose che ti donano gioia, che servono a uno scopo o che hanno un valore sentimentale.
(2) Inizia esaminando anche le cose più piccole e chiediti: "Qual è la loro vera essenza?"

CAPITOLO 1 — COSA È SOTTO IL NOSTRO CONTROLLO

(3) Riconosci il tuo attaccamento per i tuoi oggetti preferiti e ricordati che perderli non ti devasterà.
(4) Mostra affetto ai tuoi cari e ricordati che anche loro sono esseri umani, come te.
(5) Per gestire in modo efficace potenziali tragedie, è fondamentale prepararsi mentalmente e coltivare una prospettiva realistica.

Usa la preparazione mentale per rimanere allineato con i tuoi valori fondamentali

4. Prima di intraprendere qualsiasi compito, prenditi un attimo per considerare esattamente a cosa ti stai apprestando. Se hai intenzione di fare un bagno, immagina il potenziale caos che potrebbe insorgere in una piscina pubblica affollata: persone che ti schizzano, che ti urtano accidentalmente o addirittura che si impegnano in conversazioni negative o cercano di prendere il tuo posto. Immaginando questo scenario, ti preparerai mentalmente ad affrontare il compito rimanendo fedele ai tuoi principi. Applica questo approccio a qualsiasi impegno che intraprendi. In questo modo, se qualcosa disturba i tuoi piani in piscina, sarai in grado di lasciarlo andare e ricordarti che il tuo obiettivo non era solo fare il bagno, ma anche difendere i tuoi valori fondamentali. Essere eccessivamente agitato dalla situazione non ti aiuterà a raggiungerlo.

Dalla lezione...

Quando affronti qualsiasi compito, è importante considerare gli ostacoli e le eventuali interruzioni che potresti incontrare lungo il tuo percorso. Prepararti mentalmente e mantenere la concentrazione sui tuoi valori fondamentali ti permetterà di evitare frustrazioni inutili e di mantenere la tua traiettoria verso i tuoi obiettivi.

All'azione!

(1) Prima di immergerti, prenditi un momento per considerare il compito che hai di fronte.
(2) Immagina le possibili sfide o interruzioni che potrebbero verificarsi durante il compito.
(3) Dal punto di vista psicologico, preparati ad affrontare il compito rimanendo fedele ai tuoi principi.

(4) Applica questo approccio a qualsiasi impresa o compito che intraprendi.
(5) Ricordati che il tuo obiettivo non è solo completare il compito in mano, ma anche rimanere allineato con i tuoi valori fondamentali.
(6) Non lasciare che eventuali interruzioni o sfide che possano sorgere ti preoccupino, invece, scegli di farle scivolare via ed evita di lasciarti coinvolgere in esse.
(7) Resta concentrato nell'ottenere i tuoi obiettivi e nel rimanere fedele ai tuoi valori, piuttosto che lasciarti coinvolgere da fattori esterni.

Il potere dei giudizi personali e della crescita

5. Non sono le cose vere che danno fastidio alle persone, ma piuttosto le loro opinioni su di esse. Prendiamo ad esempio la morte: non è spaventosa di per sé; altrimenti, anche Socrate l'avrebbe pensato. Ciò che è terrificante è la convinzione che la morte sia qualcosa da temere. Quindi, quando affrontiamo ostacoli, interruzioni o tristezza, non accusiamo gli altri con il dito. Invece, assumiamoci la responsabilità dei nostri stessi giudizi. Incolpare gli altri per i nostri problemi è qualcosa che fa una persona ignorante. Riconoscere i nostri stessi difetti è un segno che stiamo imparando e crescendo. Ma il vero segno di una persona con vera conoscenza non è né incolpare gli altri né incolparsi.

Dalla lezione...

Assumi la responsabilità dei tuoi giudizi, riconosci i tuoi difetti e astieniti dal dare la colpa agli altri o a te stesso per una reale conoscenza e crescita personale.

All'azione!

(1) Prenditi un momento per riflettere sulle tue opinioni e credenze riguardo a determinati argomenti che potrebbero turbarti, come la morte.
(2) Sfida la convinzione che la morte sia intrinsecamente spaventosa e verifica se il nostro giudizio sta generando paura.
(3) Piuttosto che incolpare gli altri, dovremmo invece accettare la responsabilità delle nostre valutazioni personali quando affrontiamo ostacoli, interruzioni o sentimenti di tristezza.

CAPITOLO 1 — COSA È SOTTO IL NOSTRO CONTROLLO

(4) Riconoscere che incolpare gli altri per i nostri problemi è un comportamento ignorante e cercare di evitare di coinvolgersi in esso.
(5) Riconoscere i nostri errori e i nostri sbagli è un vero segno di crescita personale e un'opportunità per imparare.
(6) Cerchiamo di non attribuire colpe né agli altri né a noi stessi, poiché questo dimostra vera saggezza e comprensione.

Raggiungere il vero successo: Abbracciare l'umiltà e prendere il controllo delle tue azioni

6. Non essere troppo orgoglioso dei successi che non sono veramente tuoi. È una cosa per un cavallo sentirsi orgoglioso e affermare: "Sono bellissimo", ma quando inizi a vantarti di possedere un bellissimo cavallo, ti stai semplicemente vanagloriano di qualcosa di bello che appartiene al cavallo, non a te stesso. Quindi, su cosa hai effettivamente controllo? Su come gestisci le circostanze che incontri nel tuo cammino. Quando sei capace di affrontare gli alti e bassi della vita in modo coerente con i tuoi valori, allora puoi sentirti orgoglioso. È in quel momento che puoi sinceramente prendere merito per qualcosa di positivo nella tua vita e provare un senso di realizzazione.

Dalla lezione...

Non attribuirti meriti per successi che non sono tuoi; piuttosto, concentrati su come affronti le sfide della vita per vivere davvero un senso di realizzazione.

All'azione!

(1) Rifletti sui tuoi successi personali e riconosci il merito dove è dovuto. Richiedi il merito solo per i risultati a cui hai personalmente contribuito o per i quali hai avuto un ruolo significativo.
(2) Pratica l'umiltà riconoscendo e apprezzando i successi altrui. Evita di rubare il loro merito o cercare di prendere riconoscimento per il loro duro lavoro.
(3) Invece di cercare validazione esterna tramite il riconoscimento del merito, sposta la tua attenzione sulla crescita personale e sul superare le sfide. Abbraccia il processo di auto-miglioramento e trova soddisfazione nei tuoi risultati personali.

(4) Sviluppa una mentalità di resilienza e determinazione quando affronti le sfide della vita. Invece di evitare o scansare le situazioni difficili, cerca attivamente di affrontarle come opportunità di crescita.
(5) Celebra sinceramente i successi e i risultati degli altri, offrendo supporto, incoraggiamento e riconoscimento a coloro che lo meritano, così da favorire un ambiente positivo e collaborativo.
(6) Coltiva consapevolezza delle tue limitazioni e delle aree in cui puoi migliorare. Concentrati sullo sviluppo personale e sull'apprendimento continuo per potenziare le tue abilità e aumentare le tue possibilità di ottenere autentico successo.
(7) Esplora nuove strade per la crescita personale e sviluppa nuove competenze e talenti. Affronta le sfide al di fuori della tua zona di comfort, permettendo una crescita personale autentica e un autentico senso di realizzazione.
(8) Coltiva una mentalità di integrità e onestà. Quando ti trovi di fronte alla tentazione di attribuirti meriti ingiustamente o esagerare i tuoi successi, scegli la strada dell'autenticità e della verità.
(9) Cerca un feedback e una critica costruttiva dagli altri. Approfitta delle opportunità di apprendimento e crescita cercando attivamente consigli e suggerimenti da parte di mentori, colleghi o esperti nel tuo campo.
(10) Celebra e riconosci i successi del tuo gruppo o dei tuoi collaboratori. Considera che i traguardi collettivi spesso coinvolgono i contributi e gli sforzi di più persone e assicurati che il merito venga condiviso adeguatamente.

> **Dando priorità all'Inquadramento Generale: Navigando nella Vita e sulla Nave**

7. Immagina di essere in viaggio e che la tua nave si sia ancorata. Decidi di scendere a terra per prendere dell'acqua fresca. Lungo il percorso, ti imbatti in una piccola creatura marina o in un minuscolo bulbo di pianta che cattura la tua attenzione. Ma c'è un'importante cosa: non puoi perderti troppo nell'esplorazione perché devi rimanere concentrato sulla nave. Dopotutto, il capitano potrebbe chiamarti in qualsiasi momento e, se lo fa, devi abbandonare tutto e

CAPITOLO 1 — COSA È SOTTO IL NOSTRO CONTROLLO

tornare di corsa alla nave. Credimi, non vuoi finire legato e gettato a bordo come una pecora indifesa.

Questo scenario si applica anche alla vita stessa. Supponiamo che invece di una creatura marina o un bulbo di pianta, tu abbia una piccola famiglia, un partner amorevole e un bambino. È meraviglioso, senza dubbio. Ma ricorda, se il capitano chiama, devi essere pronto ad abbandonare tutto e tornare di corsa alla nave. Non pensare nemmeno di voltarti indietro; corri veloce come puoi.

Ora, se sei una persona anziana, è ancora più importante rimanere vicino alla nave. Non vuoi allontanarti troppo perché, se il capitano chiama, sicuramente non vuoi perderlo. Quindi, mantieniti sempre entro la portata, nel caso.

In conclusione, che tu sia su una nave o stia navigando nella vita, è fondamentale dare priorità a ciò che conta davvero. Goditi le piccole cose lungo il percorso, ma tieni sempre d'occhio l'immagine più grande e sii pronto a rispondere quando ti chiama.

Dalla lezione...

Dai priorità a ciò che conta davvero, apprezza le cose banali, ma sii sempre pronto ad agire quando l'immagine più grande richiede la tua attenzione.

All'azione!

(1) Rimani concentrato sul tuo obiettivo principale, che sia ottenere acqua potabile durante il viaggio o adempiere alle tue responsabilità nella vita. Tieni sempre presente il tuo obiettivo principale.

(2) Evita di farti troppo coinvolgere dalle distrazioni: Sebbene sia allettante esplorare e scoprire cose nuove, ricorda di dare priorità ai tuoi obblighi e di non lasciarti assorbire troppo facilmente da semplici distrazioni.

(3) Sii responsivo alle chiamate all'azione: sia durante il viaggio che nella vita, sii pronto a rispondere prontamente quando il dovere chiama. Non procrastinare o ritardare nel prenderti cura di compiti o responsabilità importanti.

(4) Non riflettere sul passato. Quando il capitano chiama, che si tratti di un pericolo significativo o di una situazione cruciale, sii pronto a lasciar andare ciò che ami e ad andare avanti senza esitazioni.

(5) Resta connesso e a portata di mano: se sei anziano, assicurati di rimanere accessibile e vicino alle tue responsabilità. Mantieniti impegnato e disponibile in modo da non perdere eventi rilevanti o chiamate per azioni.

(6) Dai priorità a ciò che conta veramente: sebbene sia importante godersi le piccole cose lungo il percorso, cerca sempre di tenere a mente l'immagine complessiva. Dai priorità a ciò che conta veramente per raggiungere i tuoi obiettivi e adempiere alle tue responsabilità.

CAPITOLO 2

— COMPORTAMENTO CORRETTO

Epitteto condivide preziose saggezze stoiche su come vivere una vita virtuosa in diverse situazioni. Egli enfatizza l'importanza di adempiere alle nostre responsabilità, mostrare gentilezza verso gli altri e gestire efficacemente le sfide e i momenti difficili. Epitteto sottolinea il ruolo che i nostri desideri e avversioni giocano nel plasmare le nostre azioni e ci esorta a mantenere una mentalità lucida sia nel successo che nella delusione. Seguendo questi insegnamenti, possiamo navigare nella vita con un senso di scopo e dignità, avendo un impatto positivo su noi stessi e sugli altri che ci circondano. Quindi, immergiamoci nell'esplorazione di come possiamo applicare questi principi senza tempo alle nostre vite moderne.

Abbracciando l'accettazione: Trovando tranquillità nell'imprevedibilità della vita

8. Non aspettarti sempre che tutto vada esattamente come vuoi. Invece, accetta che le cose accadranno come accadono e trova la pace in ciò. Quando abbracci questa mentalità, la tua vita diventerà più tranquilla e serena.

Dalla lezione...

Abbraccia l'incertezza e trova soddisfazione nell'imprevedibilità naturale della vita.

CAPITOLO 2 — COMPORTAMENTO CORRETTO

All'azione!

(1) Pratica l'accettazione: Riconosci che non tutto andrà secondo i tuoi piani e le tue aspettative. Invece di resistere o diventare frustrato, scegli di accettare la realtà della situazione.

(2) Lascia andare il controllo: capisci che non puoi controllare ogni aspetto della vita. Impara ad arrenderti al fluire degli eventi e fidati che le cose si sistemeranno nel loro modo.

(3) Coltiva una mentalità pacifica concentrandoti sulla ricerca della pace interiore e della tranquillità. Partecipa ad attività come la meditazione, la consapevolezza o lo yoga per aiutare a calmare la mente e ridurre lo stress.

(4) Abbraccia l'incertezza: accogli l'ignoto e l'imprevedibilità della vita. Piuttosto che temere l'incertezza, considerala come un'opportunità per la crescita personale e per nuove esperienze.

(5) Cambia la tua prospettiva: adotta un punto di vista più positivo e flessibile sulla vita. Invece di concentrarti su ciò che è andato storto o su ciò che non hai ottenuto, focalizzati sul momento presente e trova gratitudine per ciò che hai.

(6) Pratica il distacco: evita di attaccarti troppo ha risultati o desideri specifici. Invece, lascia andare la necessità che le cose vadano in un certo modo e trova appagamento nel momento presente.

(7) Adattarsi e adattarsi: Quando le cose non vanno come previsto, è fondamentale essere flessibili e aperti al cambiamento. Invece di rimanere impantanati nella resistenza, bisogna cercare attivamente soluzioni alternative o modi per affrontare le sfide.

(8) Cerca supporto: Circondati di una comunità solidale o cerca consigli da un mentore o terapeuta che possa aiutarti ad affrontare momenti difficili e abbracciare una mentalità più accettante.

(9) Pratica la cura di te stesso: prenditi cura di te stesso fisicamente, mentalmente ed emotivamente. Partecipa ad attività che ti portano gioia e ricaricano la tua energia, aiutandoti ad affrontare meglio le inevitabili difficoltà della vita.

(10) Concentrati sulla crescita personale: Utilizza gli ostacoli o gli eventi imprevisti come opportunità per la crescita personale e l'auto-miglioramento. Abbraccia le lezioni apprese da qualsiasi situazione e utilizzale per diventare una persona più forte e saggia.

CAPITOLO 2 — COMPORTAMENTO CORRETTO

Superare la malattia: Il potere delle morali perseveranti

9. La malattia può rallentare il nostro corpo, ma non deve influire sulla nostra morale, a meno che non glielo permettiamo. Non essere in grado di camminare correttamente potrebbe ostacolare la nostra mobilità, ma non deve ostacolare il nostro senso di moralità. Ricordatevi di questo ogni volta che l'avversità colpisce, perché vi renderete conto che, sebbene possa ostacolare un aspetto della vostra vita, non deve ostacolare la vostra autenticità.

Dalla lezione...

Non permettere che malattia o avversità ostacolino la tua bussola morale o la tua vera essenza.

All'azione!

(1) Prenditi un momento per riflettere sui tuoi valori personali e la tua bussola morale. Dedica del tempo a contemplare ciò che ha un profondo significato per te e i principi fondamentali che cerchi di seguire nella tua vita. Impegnarti in questo processo di autocoscienza ti aiuterà a rafforzare la tua bussola morale.
(2) Separare la malattia dalla personalità: Comprendere che essere malati non definisce il nostro carattere o chi siamo come persone. Il nostro vero io non è determinato dalla nostra condizione fisica.
(3) Pratica resilienza e determinazione: Nonostante eventuali ostacoli o limitazioni fisiche causate dalla malattia, impegna te stesso a mantenere i tuoi valori morali e ad agire in conformità con essi. Coltiva la resilienza per superare qualsiasi ostacolo che possa sorgere.
(4) Cerca supporto e ispirazione: Circondati di influenze positive e cerca supporto da amici, famiglia o un gruppo di sostegno. Possono incoraggiarti e ispirarti a rimanere fedele ai tuoi valori, anche durante i momenti difficili.
(5) Mantieni una mentalità positiva: Concentrati sugli aspetti della tua vita che rimangono invariati nonostante la malattia e abbraccia un atteggiamento ottimistico. Ricorda che la tua bussola morale può guidarti attraverso ogni difficoltà che potresti affrontare.
(6) Adatta le tue azioni, non i tuoi principi morali. Sebbene le abilità fisiche possano cambiare a causa di malattia, è fondamentale assicurarsi che le tue azioni e scelte siano ancora in linea con i tuoi

principi morali. Cerca alternative per esprimere i tuoi valori e contribuire in modo positivo al mondo.

(7) Abbracciare l'autocura è fondamentale: prendersi cura del proprio benessere fisico e mentale permette di potenziare la propria capacità di mantenere i propri principi di fronte a qualsiasi sfida provocata dalla malattia. È importante rendere prioritario impegnarsi in attività di autocura che rigenerino e fortifichino mente, corpo e spirito.

(8) Educare gli altri sulla tua condizione: Condividendo le tue esperienze con gli altri, puoi migliorare la loro comprensione ed empatia verso le persone che affrontano sfide simili. Questo, a sua volta, può creare un ambiente più inclusivo e di sostegno per tutti.

(9) Ispirare e sostenere gli altri: Utilizza il tuo percorso personale per ispirare e dare potere a coloro che potrebbero trovarsi in difficoltà a causa di malattie od ostacoli. Fatti portavoce dell'uguaglianza e dell'accessibilità delle persone con disabilità o problemi di salute.

(10) Trova uno scopo e un significato: scopri come le tue esperienze con la malattia possano plasmare il tuo scopo nella vita. Utilizza questa nuova chiarezza per vivere in linea con i tuoi valori e fare un impatto positivo sulla tua comunità e sulla società.

Sviluppo della forza interiore: Resistere alle influenze esterne

10. Quando affronti qualsiasi situazione, prenditi sempre un momento per riflettere sulle tue capacità di gestirla. Ad esempio, se incontri una persona attraente, è essenziale praticare l'autodisciplina. Quando ti trovi di fronte ha compiti difficili, è importante concentrarsi sullo sviluppo della resistenza. E quando qualcuno ti insulta, è fondamentale coltivare la capacità di restare paziente e non permettere che le loro parole ti influenzino. Allenandoti in questo modo, non sarai facilmente influenzato dalle influenze esterne.

Dalla lezione...

Prenditi un momento per riflettere sulle tue capacità, esercita il controllo su te stesso e sviluppa la resistenza. Coltiva la pazienza e, soprattutto, non permettere alle parole degli altri di influenzarti. Adottando questi principi, rimarrai forte e immune dalle influenze esterne.

CAPITOLO 2 — COMPORTAMENTO CORRETTO

All'azione!

(1) Prenditi un momento per riflettere sulle tue abilità personali quando ti trovi di fronte a qualsiasi situazione.
(2) Quando ti trovi in presenza di una persona attraente, è importante esercitare autocontrollo.
(3) Concentrati sullo sviluppo della tua resistenza quando ti trovi di fronte ha compiti difficili.
(4) Nella vita, spesso ci troviamo di fronte ha compiti che sono difficili e impegnativi. Queste sfide possono mettere a dura prova la nostra pazienza e resistenza. Tuttavia, anziché sentirsi sopraffatti, è importante concentrarsi sullo sviluppo della nostra resistenza.
(5) La resistenza è la capacità di persistere e mantenere il nostro impegno per un periodo prolungato, anche quando ci troviamo di fronte a ostacoli. Concentrandoci sulla resistenza, possiamo migliorare la nostra capacità di affrontare compiti difficili e raggiungere il successo.
(6) Ci sono diversi modi per sviluppare l'endurance. Un metodo efficace consiste nel suddividere il compito in passaggi più piccoli e gestibili. Questo ci permette di affrontare gradualmente il compito, aumentando la nostra resistenza lungo il percorso. Impostando obiettivi raggiungibili e lavorando costantemente per raggiungerli, possiamo progressivamente aumentare la nostra resistenza e superare le sfide.
(7) Un altro modo per sviluppare l'endurance è attraverso la pratica e la ripetizione. Proprio come gli atleti allenano i loro corpi per esibirsi al meglio, possiamo allenare le nostre menti per superare le difficoltà. Affrontando e conquistando ripetutamente compiti impegnativi, ci abituiamo sempre di più alle avversità e sviluppiamo la resistenza mentale necessaria per avere successo.
(8) Inoltre, mantenere un'attitudine positiva e credere in noi stessi può influire enormemente sulla nostra resistenza. Di fronte ha compiti difficili, è facile sentirsi scoraggiati o mettere in dubbio le proprie capacità. Tuttavia, mantenendo una mentalità positiva e ricordando i nostri successi passati, possiamo coltivare la forza mentale necessaria per superare gli ostacoli.

(9) In conclusione, lo sviluppo della resistenza è fondamentale per affrontare e conquistare compiti difficili. Suddividendo i compiti in passaggi più piccoli, esercitando la resilienza e mantenendo un atteggiamento positivo, possiamo costruire la nostra resistenza e superare qualsiasi sfida che si presenti.
(10) Coltivate la capacità di rimanere pazienti quando qualcuno vi insulta.
(11) Non lasciare che le parole degli altri ti influenzino.
(12) Allenati a diventare meno facilmente influenzabile dalle influenze esterne.

Il Concetto di Perdita e Possesso

11. Non dire mai di aver perso qualcosa, ma solo di averla restituita. È morto il tuo bambino? È stato restituito. È morto il tuo coniuge? È stato restituito. "La mia fattoria mi è stata tolta." Va bene, anche quella è stata restituita. "Ma è stato un impostore a prenderla!" Ma perché ti interessa chi il Donatore ha usato per riprenderla? Finché te la dà, prendetene cura come se non fosse tua, proprio come i viaggiatori trattano la loro sistemazione temporanea.

Dalla lezione...

Accetta le perdite nella vita come doni da Colui che dona e apprezzali trattando ciò che ti viene dato con cura, come se fosse solo temporaneo.

All'azione!

(1) Riconsidera la perdita come una forma di restituzione: cambia il tuo modo di pensare, da considerarla come una perdita a riconoscere che ti è stata restituita. Facendo ciò, puoi coltivare una prospettiva più positiva verso le circostanze sfidanti.
(2) Accettazione della perdita: Comprendere che la perdita fa parte della vita e accettare la realtà di perdere persone amate o possessi. Riconoscendo ciò, puoi avviare il processo di guarigione e andare avanti.
(3) Lascia andare gli attaccamenti: Riconosci che tutto nella vita è temporaneo e trattenere gli attaccamenti può causare sofferenza inutile. Invece, pratica il distacco trattando tutto come temporaneo e che non appartiene completamente a te.

(4) Invece di concentrarti su ciò che hai perso, sposta la tua attenzione nell'apprezzare e prenderti cura di ciò che hai attualmente. Questo cambiamento di prospettiva può coltivare gratitudine e serenità nella tua vita.

(5) Non focalizzarti su chi ha causato la perdita. Invece, lascia andare il risentimento e concentrati sul fatto che la perdita ti è stata restituita. Indirizzare la tua energia verso la rabbia o la colpa solo ostacolerà la tua capacità di andare avanti.

(6) Abbraccia l'impermanenza: comprendi e accetta la natura transitoria della vita, delle relazioni e dei beni. Questa mentalità può portare a una maggiore resilienza e adattabilità quando si affrontano perdite.

(7) Trattieni con cura ciò che possiedi: proprio come i viaggiatori gestiscono la loro sistemazione temporanea, prenditi cura di ciò che hai come se non fosse davvero tuo. Coltiva un senso di responsabilità e apprezzamento per il momento presente.

(8) Pratica del distacco: evita di attaccarti eccessivamente ai beni, alle relazioni o alle circostanze. Invece, coltiva un atteggiamento di distacco che ti permetta di affrontare i cambiamenti della vita con grazia ed equanimità.

(9) Rifletti sulla fonte dei doni: considera l'idea che ogni cosa, sia essa ciò che viene tolto o ciò che viene restituito, provenga da una forza superiore o dall'universo. Prenditi un momento per contemplare questa fonte e riporre fede nel suo grande piano per la tua vita.

(10) Trova la pace nella resa: Accetta che la perdita fa parte del viaggio della vita e scopri la serenità arrendendoti al flusso naturale dell'esistenza. Questa accettazione può coltivare una pace interiore e un profondo senso di libertà.

> **Abbracciando la Serenità e Lasciando da Parte le Preoccupazioni Materiali**

12. Se vuoi fare progressi, dimentica di ragionare in questo modo: "Se trascurassi i miei doveri, non avrò soldi per vivere." "Se non punisco i miei dipendenti, diventeranno indisciplinati." È meglio affrontare la fame sentendosi liberi da dolore e paura piuttosto che avere un'abbondanza di cose materiali ma essere costantemente

CAPITOLO 2 — COMPORTAMENTO CORRETTO

disturbati. Inoltre, è meglio per te essere infelice che i tuoi dipendenti si comportino male. Quindi, comincia dalle cose piccole. Se si versa il tuo olio o il tuo vino viene rubato, ricordati: "Questo è il prezzo che pago per una mente tranquilla e serenità". Ricorda, nulla viene senza un costo. Quando chiami i tuoi dipendenti, tieni presente che potrebbero non ascoltarti e anche se lo fanno, potrebbero non fare ciò che desideri. Tuttavia, le loro azioni non dovrebbero determinare la tua serenità mentale.

Dalla lezione...

Concentrati nel trovare la pace interiore e la tranquillità, invece di essere assorbito/a dalle possessioni materiali o dalle azioni altrui.

All'azione!

(1) Cambia la tua mentalità e poni maggior importanza nel coltivare la pace interiore e la tranquillità, anziché concentrarti esclusivamente sulle proprietà materiali e sulle circostanze esterne.
(2) Inizia affrontando piccole sfide e inconvenienti con un atteggiamento positivo, ricordandoti che sono i costi necessari per mantenere una mente tranquilla.
(3) Modifica le tue aspettative quando si tratta del comportamento e delle azioni dei tuoi dipendenti. Capisci che non puoi controllarli e che le loro azioni non dovrebbero disturbare la tua tranquillità mentale.
(4) Concentrati sulle tue azioni e reazioni invece di cercare di controllare le azioni degli altri.
(5) Abbraccia l'idea che è meglio che i tuoi dipendenti si comportino male o siano indisciplinati, piuttosto che tu sia infelice. Dà priorità alla tua felicità e al tuo benessere.
(6) Quando ci si trova di fronte a una negligenza di responsabilità, ricordati che è preferibile provare fame pur sentendosi liberi da tristezza e paura, piuttosto che possedere un'abbondanza di cose materiali ma essere costantemente tormentati.
(7) Accetta che il progresso potrebbe non essere sempre facile né senza sacrifici, ma la ricerca della pace interiore e della tranquillità vale assolutamente la pena.
(8) Ricorda che niente arriva senza un costo, e a volte quel costo può includere piccoli contrattempi o perdite.

(9) Pratica il distacco dalle circostanze esterne e concentrati nel coltivare una mente tranquilla, indipendentemente dalla situazione.
(10) Capisci che non puoi controllare tutto e cercare di farlo creerà solo stress e infelicità inutili. Invece, dai la priorità a trovare la pace dentro di te.

Equilibrio tra autenticità e gestione dell'impressione

13. Se vuoi fare progressi nella vita, accetta di sembrare sciocco o inesperto superficialmente. Non preoccuparti di impressionare gli altri con le tue conoscenze. E anche se le persone ti considerano importante, rimani umile. È importante capire che rimanere fedele ai propri valori pur preoccupandosi delle opinioni degli altri non è un compito facile. È come fare i giocolieri: se ti concentri su un solo aspetto, trascurerai inevitabilmente l'altro.

Dalla lezione...

È essenziale dare priorità alla fedeltà ai propri valori anziché preoccuparsi delle opinioni degli altri.

All'azione!

(1) Abbraccia il fatto di essere sciocco o disorientato; invece, di temere di fare domande o ammettere di non sapere qualcosa, cerca attivamente occasioni per imparare e crescere. Abbraccia l'idea che è perfettamente normale non avere tutte le risposte e sii aperto a nuove prospettive e conoscenze.
(2) Sposta la tua attenzione dal cercare di impressionare gli altri verso la crescita personale. Invece di cercare costantemente di dimostrare le tue conoscenze o abilità agli altri, focalizza la tua attenzione sullo sviluppo personale e sul miglioramento. Stabilisci obiettivi per te stesso e lavora con impegno per raggiungerli, indipendentemente dalle opinioni degli altri.
(3) Pratica l'umiltà: anche se gli altri ti percepiscono come importante o competente, cerca di rimanere umile e radicato. Riconosci che c'è sempre qualcosa da imparare e che nessuno è perfetto. Evita di essere eccessivamente sicuro di te stesso e, al contrario, sii aperto a ricevere riscontri e lavorare per il miglioramento personale.
(4) Rimani fedele ai tuoi valori: identifica i tuoi valori fondamentali e le tue convinzioni, attribuendo loro priorità nella presa di decisioni

e nelle azioni. Non compromettere i tuoi principi o valori per piacere agli altri od ottenere la loro approvazione.

(5) Trovare l'equilibrio: Riconosci che esiste un delicato equilibrio tra rimanere fedele a te stesso e prendere in considerazione ciò che gli altri pensano. Sforzati di trovare un equilibrio che ti permetta di conservare la tua autenticità, senza però trascurare il potenziale impatto che le tue azioni e decisioni possono avere sugli altri.

(6) Dai priorità all'autoconsapevolezza: rifletti regolarmente sui tuoi pensieri, azioni e motivazioni. Questa autoconsapevolezza ti aiuterà a navigare tra l'equilibrio di rimanere fedele ai tuoi valori e preoccuparti delle opinioni degli altri. Comprendi perché fai determinate scelte e valuta se sono in linea con i tuoi valori.

(7) Sii aperto a prospettive diverse: partecipa a conversazioni e discussioni con altre persone che potrebbero avere punti di vista o competenze diverse. Questo ti aiuterà ad ampliare la tua comprensione e a mettere alla prova le tue convinzioni, mantenendo la mente aperta. Evita di diventare rigido nel tuo modo di pensare.

(8) Concentrati sul tuo progresso personale e sulla crescita. Invece di cercare approvazione o conferma dagli altri, dai priorità al tuo stesso progresso e sviluppo. Imposta obiettivi, monitora i tuoi successi e celebra le tue realizzazioni, indipendentemente dal riconoscimento esterno.

(9) Accetta e impara dai fallimenti: comprendi che il fallimento è una parte naturale del processo di apprendimento e di crescita. Accoglilo come un'opportunità per acquisire esperienze e intuizioni preziose. Sii resiliente e prenditi il tempo per imparare dai tuoi errori, invece di concentrarti su di essi o cercare conferme dagli altri.

(10) Circondati di persone che ti sostengono: cerca una rete di amici, mentori o colleghi che supportino la tua crescita e i tuoi valori. Circondarti di individui con mentalità simili che ti incoraggiano e ti ispirano può rendere più facile rimanere fedele a te stesso, considerando anche le opinioni degli altri.

CAPITOLO 3

— MASTERY DELLE IMPRESSIONI

Secondo Epitteto, non sono gli eventi effettivi che ci infastidiscono, ma piuttosto come percepiamo e valutiamo quegli eventi. Egli suggerisce che dovremmo mettere sotto esame le nostre prime impressioni di ciò che sta accadendo, astenerci dal categorizzare le cose come buone o cattive, e cercare di regolare le nostre risposte emotive. Facendo ciò, possiamo migliorare la nostra capacità di gestire i nostri pensieri ed emozioni.

Il potere di controllare i propri desideri ed evitare delusioni

14. Se desideri che i tuoi figli, tua moglie e i tuoi amici vivano per sempre, beh, potrebbe sembrare un po' sciocco. Fondamentalmente, stai desiderando qualcosa che è al di là del tuo controllo e stai cercando di possedere ciò che non ti appartiene legittimamente. Allo stesso modo, se nutri la speranza che il tuo ragazzo schiavo incarna la perfezione e sia privo di difetti, stai facendo l'idiota. Per metterla in parole semplici, stai essenzialmente cercando di ridefinire il vizio come qualcosa di diverso dal vizio.

Tuttavia, ecco la parte importante: se vuoi evitare delusioni e raggiungere i tuoi desideri, cosa che è completamente nelle tue possibilità, concentrati su ciò che puoi controllare. La persona che ha l'autorità su ciò che desideri o non desideri diventa il tuo padrone. Se cerchi veramente la libertà, astieniti dal desiderare o evitare qualsiasi cosa che è sotto il controllo di qualcun altro. Altrimenti, sei destinato a diventare uno schiavo.

CAPITOLO 3 — MASTERY DELLE IMPRESSIONI

> **Dalla lezione...**
>
> Concentrati su ciò che puoi controllare ed evita desideri che sono al di là del tuo controllo. Non lasciarti vincolare dalla ricerca di cose che sono sotto l'autorità di qualcun altro.

All'azione!

(1) Concentrati su ciò che puoi controllare: invece di desiderare ciò che è al di fuori del tuo controllo, focalizza la tua attenzione sulle azioni e sulle decisioni sulle quali hai potere.

(2) Evita di desiderare l'immortalità per i tuoi cari. Riconosci che desiderare una vita eterna per gli altri è irrealistico e vano. Comprendi che la mortalità è una parte naturale della vita.

(3) Non cercare di possedere ciò che non ti appartiene. Accetta che non puoi controllare o possedere la vita dei tuoi figli, coniugi o amici. Rispetta la loro autonomia e individualità.

(4) Evitare di avere aspettative irrealistiche: non pretendere la perfezione o l'infallibilità dagli altri, come se fossero schiavi. Capire che tutti possiedono difetti e imperfezioni.

(5) Definisci il vizio per quello che è: un vizio. Non cercare di ridefinire o razionalizzare i vizi o i comportamenti negativi come qualcosa di diverso dalla loro vera natura. Riconosci e affronta i vizi per ciò che sono veramente.

(6) Evita di desiderare o evitare cose che sono sotto il controllo di qualcun altro. Cerca la vera libertà evitando di bramare o evitare cose che dipendono dall'autorità o dalle decisioni di qualcun altro.

(7) Assumi la responsabilità dei tuoi desideri e delle tue azioni. Riconosci di avere il potere di modellare sia i tuoi desideri che le tue azioni. Indirizza la tua attenzione e i tuoi sforzi verso il raggiungimento dei tuoi obiettivi personali.

(8) Accetta che la delusione fa parte della vita. Comprendi che potresti incontrare delle delusioni, ma concentrati su ciò che puoi controllare per ridurre al minimo la possibilità di delusione.

Affrontare la Vita con Grazia e Pazienza: Il Percorso verso la Grandezza Meritata

15. Ricorda di affrontare la vita come faresti a una cena di gala. Quando qualcosa si presenta, partecipa con grazia. Non trattenerla

troppo a lungo, lascia che passi oltre. Se qualcosa non ti è ancora giunto, non forzarla. Aspetta semplicemente finché non sia di fronte a te. Questa mentalità dovrebbe estendersi a come tratti i bambini, il tuo coniuge, il tuo lavoro e le tue finanze. Vivendo in questo modo, alla fine meriterai le incredibili opportunità che la vita offre. Tuttavia, se rifiuti queste opportunità e le disprezzi, non solo perderai le belle cose della vita, ma perderai anche il potere e l'influenza che le accompagnano. Basta guardare figure storiche come Diogene ed Eraclito, tra gli altri, che venivano venerati per incarnare questa filosofia.

Dalla lezione...

Affronta la vita con grazia e lascia che le opportunità fluiscano attraverso di te, riconoscendone il valore e abbracciandole con tutto il cuore.

All'azione!

(1) Abbraccia le opportunità: quando qualcosa ti viene incontro, accoglilo con gratitudine e goditi una parte di esso. Evita di tenerlo troppo a lungo e invece lascialo passare.
(2) La pazienza è fondamentale. Se ancora non ti è arrivato qualcosa, non c'è bisogno di forzarla. Aspetta semplicemente finché non si presenterà davanti a te. È importante esercitare la pazienza in vari aspetti della vita.
(3) Tratta gli altri con grazia e adotta lo stesso approccio di cortesia e accettazione durante le interazioni con i bambini, il tuo coniuge, i colleghi e persino gli sconosciuti. Tratta tutti con gentilezza e rispetto.
(4) Valorizza il tuo lavoro: Affronta il tuo lavoro con la stessa mentalità. Abbraccia le opportunità che si presentano e sii aperto a nuove esperienze e sfide. Non rifiutare o trascurare le opportunità professionali che si presentano.
(5) Gestisci le tue finanze: Tratta i tuoi soldi con la stessa grazia che avresti in una cena elegante. Sii saggio nelle tue decisioni finanziarie, evitando di accumulare o aggrapparti eccessivamente al denaro. Invece, usalo saggiamente e lascia che fluisca liberamente.
(6) Abbraccia le bellezze della vita. Avvicinandoti a essa con una mentalità gentile e accogliente, aumenterai la probabilità di

sperimentare le meraviglie che essa ha da offrire. Abbracciare queste opportunità e apprezzarle appieno.

(7) Per evitare il rifiuto e il giudizio, è importante mantenere una mente aperta, anziché respingere le opportunità o guardarle con superiorità. Al contrario, cerca di riconoscere il loro potenziale. Evitando il giudizio e abbracciando il potere e l'influenza che si ottengono accettando nuove esperienze e opportunità, potrai davvero sfruttarle al massimo.

(8) Imparate da figure ispiratrici come Diogene ed Eraclito, che venivano considerati divini perché abbracciavano la vita in questo modo. Guardate agli esempi storici e trarre delle lezioni dalle loro esperienze, quindi applicate i loro insegnamenti alla vostra vita.

(9) Coltivate un senso di meritocrazia abbracciando l'approccio di accettare graziosamente e lasciare andare le opportunità. Attraverso la pratica della gratitudine, del miglioramento personale e dell'integrità, potrete diventare degni delle incredibili cose che la vita ha da offrire.

L'interpretazione della sofferenza: comprensione delle reazioni emotive

16. Quando incontri qualcuno in lacrime, che sia a causa del viaggio del loro bambino o della perdita dei propri oggetti, sii cauto nell'assumere che si trovino di fronte a una sfortuna esterna. Invece, ricordati che non sono solo gli eventi a causare angoscia a questa persona, poiché potrebbero non turbare necessariamente qualcun altro, ma piuttosto la loro interpretazione di quegli eventi. Tuttavia, non esitare a offrire parole di solidarietà o addirittura a versare una lacrima insieme a loro se la situazione lo richiede, ma assicurati che ciò non ti influenzi profondamente.

Dalla lezione...

Quando incontri qualcuno che sta piangendo, ricorda che la loro interpretazione degli eventi, piuttosto che gli eventi stessi, è la causa sottostante della loro angoscia. Pertanto, mostragli simpatia senza lasciare che ciò ti influenzi profondamente.

All'azione!

(1) È importante astenersi dal fare supposizioni riguardo alle ragioni dietro le lacrime di qualcuno.

(2) Ricorda che è l'interpretazione che l'individuo dà agli eventi a causare la sua angoscia, piuttosto che gli eventi stessi.
(3) Se opportuno, offri parole di simpatia o sostegno alla persona.
(4) Mostra empatia lasciando scorrere una lacrima insieme alla persona, se la situazione lo richiede.
(5) Fai attenzione a non lasciare che la situazione ti influenzi emotivamente in profondità.

Il Potere del Drammaturgo: Abbraccia il Tuo Ruolo Assegnato

17. Ricorda sempre che sei come un attore in una commedia, e il Drammaturgo è colui che determina il tuo personaggio. Se il Drammaturgo desidera che la commedia sia breve, così sarà. Se il Drammaturgo ti assegna il ruolo di mendicante, assicurati di interpretare quella parte in modo eccellente. Lo stesso vale se ti viene assegnato il ruolo di una persona disabile, un dirigente o semplicemente un individuo comune. La tua responsabilità è quella di interpretare al meglio possibile il ruolo che ti è stato assegnato, ma la scelta di quel ruolo spetta a qualcun altro.

Dalla lezione...

Ricorda che non hai il controllo sul ruolo che ti è stato assegnato, quindi accettalo e dai il massimo rendimento.

All'azione!

(1) Tieni sempre presente che il tuo carattere è determinato da qualcun altro, proprio come essere un attore in una pièce teatrale.
(2) Sii adeguato ed esegui il tuo ruolo assegnato con abilità ed eccellenza, indipendentemente da quello che potrebbe essere.
(3) Accetta che la durata della recita e la natura del tuo personaggio siano al di là del tuo controllo.
(4) Accetta ogni ruolo che ti venga assegnato, che si tratti di un mendicante, un dirigente, una persona disabile o un individuo comune.
(5) Ricorda che la tua principale responsabilità è svolgere il tuo ruolo assegnato in modo eccezionale.
(6) Capisco che la decisione riguardante il tuo personaggio spetta allo sceneggiatore o a qualcun altro.

CAPITOLO 3 — MASTERY DELLE IMPRESSIONI

Il Potere della Percezione nell'Interpretazione di Segni e Presagi

18. Quando un corvo gracchia in modo sinistro, non lasciarti sopraffare. Invece, prenditi un momento per pensare chiaramente e dì a te stesso: "Questi segni non sono destinati a me, ma forse riguardano il mio benessere fisico, le mie cose materiali, le mie convinzioni personali, le persone care o le relazioni. Tuttavia, ho la possibilità di interpretare ogni segno in modo favorevole se lo desidero. Indipendentemente dall'esito, ho la capacità di trovare qualcosa di benefico in esso."

Dalla lezione...

Non lasciarti sopraffare da segnali inquietanti; invece, scegli di trovare qualcosa di benefico in essi e percepì ogni segnale come favorevole se lo desideri.

All'azione!

(1) Prenditi un momento per fermarti e liberare la mente quando ti trovi di fronte a segnali o situazioni cupe.
(2) Ricorda che questi segnali potrebbero non essere specificamente rivolti a te, ma potrebbero essere rilevanti per vari aspetti della tua vita, inclusi il benessere fisico, i beni materiali, le credenze personali, i tuoi cari o le relazioni.
(3) Coltiva una mentalità in cui decidi di considerare ogni segnale come favorevole, se così desideri.
(4) Riconosci che possiedi la capacità di trovare qualcosa di vantaggioso in ogni situazione o risultato.
(5) Esercitati a trovare il beneficio invisibile o gli aspetti positivi nelle circostanze difficili.
(6) Prenditi un momento per riflettere su come i segnali o le situazioni che incontri possano essere correlati alla tua salute fisica, e poi prendi le azioni necessarie per mantenerla o migliorarla.
(7) Considera come i segni possano essere collegati alle tue proprietà materiali e prendi provvedimenti per proteggerle e valorizzarle.
(8) Prenditi un momento per fermarti e riflettere sulle tue convinzioni personali e sui tuoi valori. Considera come i segni si allineano a questi aspetti della tua vita. Determina se sono necessarie eventuali correzioni.

(9) Fai attenzione a come i segni potrebbero influenzare le tue relazioni con i tuoi cari, cercando di migliorare o coltivare quei legami.

(10) Abbraccia l'idea che puoi interpretare segni e situazioni in modo che siano d'aiuto al tuo benessere e portino positività nella tua vita.

Trova la vera felicità e libertà: Il potere di controllare ciò che puoi

19. Puoi sentirti imbattibile se eviti di coinvolgerti in qualsiasi competizione in cui non hai il controllo sul risultato. Fai attenzione a non farti trascinare dalle apparenze esterne quando vedi qualcuno essere elogiato, avere potere o essere molto considerato. Solo perché qualcuno sembra felice all'esterno non significa che lo sia davvero. Se comprendiamo che la vera felicità proviene dall'interno ed è qualcosa che possiamo controllare, allora non c'è spazio per l'invidia o la gelosia. Non desidererai nemmeno essere una persona di alto status sociale come un giudice o un senatore, ma piuttosto una persona libera. E l'unico modo per ottenere quella libertà è non attribuire importanza alle cose che non possiamo controllare.

Dalla lezione...

Concentrati su ciò che puoi controllare, evita di coinvolgerti in competizioni che sono al di fuori della tua portata e trova la vera felicità dentro di te.

All'azione!

(1) Evita di partecipare ha concorsi o situazioni in cui non hai alcun controllo sull'esito.

(2) Sii cauto/a riguardo all'influenza delle apparenze esterne, come i complimenti, il potere o la considerazione degli altri.

(3) È importante comprendere che l'apparente felicità manifestata da un individuo potrebbe non riflettere necessariamente il loro vero stato d'animo.

(4) È importante comprendere che la vera felicità ha origine all'interno di noi stessi ed è interamente sotto il nostro controllo.

(5) Lascia andare i sentimenti di invidia o gelosia,

(6) riversando la tua attenzione nel regolare la tua stessa felicità.

(7) Valorizza la libertà personale più dello status sociale.

CAPITOLO 3 — MASTERY DELLE IMPRESSIONI

(8) Dai importanza alle cose che sono sotto il tuo controllo anziché a quelle che sono al di là del tuo controllo.

Prendi il controllo delle tue emozioni: Il potere della percezione

20. Ricorda sempre che non è la persona che ti insulta o ti fa del male fisicamente a offenderti veramente, ma piuttosto è la tua stessa interpretazione delle sue azioni. Quindi, quando qualcuno ti fa innervosire, riconosci che è la tua percezione che ti fa sentire irritato. La tua priorità principale dovrebbe essere quella di non lasciare che le influenze esterne ti influenzino troppo intensamente. Se ti prendi una pausa e ti concedi del tempo per respirare, troverai più facile riprendere il controllo delle tue emozioni.

Dalla lezione...

Non permettere alle azioni degli altri di dettare le tue emozioni. Invece, prenditi un momento per fermarti, respira e riprendi il controllo della tua percezione.

All'azione!

(1) Pratica l'autoconsapevolezza: prenditi il tempo per analizzare i tuoi pensieri e le tue emozioni quando qualcuno ti insulta o ti fa del male. Riconosci che è la tua interpretazione delle loro azioni che ti fa sentire irritato.

(2) Sviluppare un forte senso di autostima è cruciale. Costruire fiducia ed elevare l'autostima ti permette di ridurre al minimo l'impatto delle influenze esterne sulle tue emozioni. È importante concentrarsi sui propri punti di forza e realizzazioni per mantenere un'immagine positiva di sé.

(3) Coltiva la resilienza: invece di lasciare che gli insulti o i danni ti abbattano, sviluppa la capacità di riprenderti dalle esperienze negative. Costruisci meccanismi di copino, come impegnarti in un dialogo interno positivo o cercare il supporto da parte degli amici e dei tuoi cari, per aiutarti a superare queste sfide.

(4) Pratica l'empatia: cerca di comprendere la prospettiva della persona che ti insulta o ti ferisce. Farlo potrebbe aiutarti a riconoscere che le loro azioni sono spesso radicate nelle loro insicurezze o problemi personali e non rappresentano un riflesso accurato del tuo valore personale.

(5) Prendi un passo indietro: Quando ti trovi di fronte a una situazione che ti disturba, è cruciale prenderti un momento per fermarti e respirare. Questo semplice gesto ti permette di riprendere il controllo delle tue emozioni e previene in modo efficace qualsiasi reazione impulsiva che potrebbe solo aggravare la situazione.
(6) Concentrati su ciò che puoi controllare. Invece di concentrarti sulle azioni degli altri, devia la tua attenzione su ciò che hai il potere di influenzare: i tuoi pensieri, le tue emozioni e le tue azioni. Indirizza quindi la tua energia verso impegni positivi e produttivi che ti portano gioia e realizzazione.
(7) Cerca sostegno: Se trovi difficile gestire le tue emozioni o superare l'impatto delle influenze esterne, non esitare a cercare sostegno da professionisti come terapisti o consulenti. Possono fornire orientamento e strategie per aiutarti a navigare attraverso situazioni impegnative.

Abbracciare la Morte e Coltivare una Mentalità Positiva

21. Ricorda di tenere sempre in mente la morte e tutte le cose che sembrano terribili, specialmente la morte, ogni giorno. In questo modo, non nutrirai mai pensieri negativi o senza speranza, né svilupperai desideri eccessivi.

Dalla lezione...

Ricorda sempre la morte; ti aiuterà a coltivare la gratitudine, a vivere nel momento presente e a lasciar andare desideri non necessari.

All'azione!

(1) Fai diventare un'abitudine quotidiana ricordarti dell'inevitabilità della morte.
(2) Ogni volta che ti trovi di fronte a pensieri negativi o senza speranza, fai uno sforzo cosciente per spostare la tua attenzione verso il riconoscimento della morte come promemoria dell'impermanenza della vita.
(3) Coltiva un atteggiamento di accettazione verso le cose che possono sembrare terribili, riconoscendo che fanno parte dell'esperienza umana.
(4) Rifletti sul concetto di desiderio eccessivo e su come possa portare insoddisfazione o delusione. Sforzati di mantenere un approccio

equilibrato ai tuoi desideri e di evitare di diventare eccessivamente attaccato.

(5) Prendi in considerazione l'idea di incorporare tecniche di consapevolezza o meditazione nella tua routine quotidiana per aiutarti a rimanere centrato e concentrato di fronte alle incertezze della vita.

(6) Esplora prospettive filosofiche e spirituali sulla morte e sull'impermanenza per approfondire la tua comprensione.

(7) Condividere queste intuizioni con gli altri può avviare conversazioni significative sulla vita, la morte e la ricerca della felicità.

(8) Trova modi per apprezzare attivamente e valorizzare i momenti e le esperienze nella vita, consapevole che sono destinati a finire e potrebbero non ripetersi.

(9) Tieni un diario o rifletti sui tuoi pensieri ed emozioni riguardo alla morte, con l'obiettivo di sviluppare una prospettiva e una relazione più sana con essa.

(10) Trova ispirazione nella letteratura, nell'arte o in altre forme di espressione che approfondiscono i temi della mortalità e della condizione umana.

Sfide nell'approfondimento della filosofia

22. Se sei interessato alla filosofia, preparati ad affrontare derisioni. Le persone potrebbero deriderti e dire cose come "Guarda chi si è improvvisamente trasformato in un filosofo" o "Da dove hai preso questa posizione intellettuale?". Ma non lasciarti scoraggiare. Rimani fedele alle tue convinzioni e mantieni ciò che pensi sia giusto, proprio come qualcuno che crede sia il proprio destino farlo. Ricorda, se mantieni saldi i tuoi principi, coloro che ridevano di te potrebbero finire per ammirarti. Tuttavia, se permetti loro di sopraffarti, rischierai di diventare la persona di cui si prendono gioco.

Dalla lezione...

Abbraccia la filosofia nonostante qualsiasi ridicolo e mantieniti saldo nelle tue convinzioni. Con il tempo, guadagnerai ammirazione per i tuoi principi.

All'azione!

(1) Sii preparato ad affrontare il ridicolo se sei interessato alla filosofia.

(2) Non lasciare che le prese in giro degli altri ti scoraggino nel perseguire la filosofia.

(3) Rimani fedele alle tue convinzioni e ai tuoi principi di fronte alle critiche.

(4) Ricorda che è importante aggrapparsi a ciò in cui credi sia giusto, proprio come qualcuno che crede appassionatamente che sia il proprio destino.

(5) Non permettere agli altri di sopraffarti o di dettare le tue convinzioni.

(6) Attieniti ai tuoi principi, anche se ciò significa sopportare il ridicolo.

(7) Capisci che le persone che in passato ti deridevano potrebbero alla fine sviluppare ammirazione per il tuo saldo impegno e le tue profonde convinzioni.

CAPITOLO 4

— PREPARAZIONE MENTALE

Epitteto discute l'importanza di adottare la giusta mentalità prima di affrontare i compiti. Ciò implica assumere una visione olistica, valutare le nostre capacità e determinare se il compito si allinea con i nostri valori. Avvicinandoci ai compiti in modo sagace, possiamo evitare azioni impulsive che potremmo successivamente rimpiangere. Per illustrare questo concetto, consideriamo la preparazione per un importante evento sportivo come esempio moderno.

> Abbracciare la Saggezza Interiore: Il Sentiero per Vivere una Vita Significativa

23. Se ti trovi mai a cercare di impressionare qualcuno concentrandoti solo sulle cose esterne, fidati di me, ti stai allontanando dal tuo scopo nella vita. Invece, cerca la contentezza nell'incarnare una mentalità filosofica in tutto ciò che fai. E se desideri che gli altri ti percepiscano così, comincia dimostrandoti prima a te stesso. Una volta che avrai raggiunto questo obiettivo, trasmetterai spontaneamente quell'immagine anche agli altri.

> *Dalla lezione...*
>
> Concentrati sulla tua crescita interiore e sulla felicità anziché cercare approvazione dalle fonti esterne.

CAPITOLO 4 — PREPARAZIONE MENTALE

> **All'azione!**
>
> (1) Prenditi il tempo per riflettere sullo scopo della tua vita e individuare ciò che ti porta veramente sia significato che realizzazione.
> (2) Sposta la tua attenzione dal cercare validazione esternamente al trovare soddisfazione internamente.
> (3) Abbraccia il ruolo di filosofo in tutto ciò che fai, cercando saggezza, comprensione e introspezione.
> (4) Sfida te stesso a vivere autenticamente, allineando le tue azioni ai tuoi valori e alle tue convinzioni.
> (5) Fai della crescita personale e del miglioramento di te stesso una priorità, cercando costantemente di approfondire la tua comprensione sia del mondo che di te stesso.
> (6) Sviluppare un acuto senso di consapevolezza di sé è essenziale per riconoscere sia i propri punti di forza che le aree in cui si può crescere.
> (7) Pratica l'autodidattica perseguendo la ricerca di gioia e soddisfazione tramite i tuoi stessi successi e la tua crescita interiore.
> (8) Guida con l'esempio e ispira gli altri attraverso le tue azioni e il modo in cui vivi la tua vita.
> (9) Evita di cercare conferma dagli altri e invece, concentrati nel coltivare un senso di auto realizzazione e autostima.
> (10) Rimani fedele a te stesso e confida nel fatto che, essendo genuino e autentico, gli altri ti percepiranno naturalmente come un filosofo.

Vivere una Vita di Onore e Significato

24. Non permettere a questi pensieri di gravarti: "Vivrò senza onore e sarò insignificante ovunque". Perché, se la mancanza di onore viene considerata negativa, non è come se qualcun altro potesse renderti cattivo, così come non può farti sentire vergogna. Non è tua responsabilità cercare posizioni prestigiose o essere invitato a eventi lussuosi, giusto? Quindi, come puoi ancora considerare una mancanza di onore? E perché dovresti essere "insignificante ovunque" quando dovresti solo cercare di essere importante nelle cose che effettivamente puoi controllare, dove hai il privilegio di

essere qualcuno rispettato? Ma cosa succede ai tuoi amici? Rimarranno senza aiuto? Cosa significa essere "senza aiuto"? Non riceveranno spiccioli da te e tu non li renderai cittadini di un potente impero. Ma chi ha detto che questi sono aspetti sotto il nostro controllo, piuttosto che essere nelle mani degli altri? E chi può dare qualcosa a qualcuno che non possiede se stesso? "Bene allora," potrebbe dire un amico, "acquisisci denaro così anche noi possiamo averlo." Se posso ottenere denaro preservando il mio rispetto per me stesso, la fedeltà e l'integrità, dimostramelo e lo farò. Tuttavia, se vuoi che io sacrifici le cose buone che mi appartengono affinché tu possa acquisire cose che non sono buone, allora puoi vedere da solo quanto ingiusto e insensato stai diventando. E cosa valuti veramente? Il denaro o un amico fedele e rispettoso di sé? Aiutami a ottenere quest'ultimo invece, e astenetevi dallo spingermi a impegnarmi in attività che mi farebbero perdere queste qualità.

"Ma cosa succede al mio paese?" potrebbe chiedere qualcuno. "Rimarrà senza aiuto a causa mia". Ancora una volta, chiedo, a che tipo di assistenza ti riferisci? Non avrà edifici sontuosi o bagni lussuosi che tu fornisci. E quale significato ha tutto ciò, dopotutto? Non richiede scarpe fatte da un fabbro o armi realizzate da un calzolaio; tutto ciò di cui ha bisogno è che ognuno adempia alle proprie responsabilità. E se introducessi un altro cittadino fedele e rispettoso di sé, non sarebbe benefico? "Sì." Bene, allora anche tu non saresti di nessuna utilità. "Ma quale ruolo avrei nello Stato?" chiedono. Qualsiasi ruolo che ti permetta di mantenere la tua fedeltà e il tuo rispetto per te stesso. Perché se, con zelo per aiutare lo Stato, rinunciate a quelle qualità, quale scopo servirebbero se alla fine diventassi spudorato e non affidabile?

> *Dalla lezione...*
>
> Non sacrificare la tua integrità e il tuo rispetto cercando una convalida esterna o cercando di accontentare gli altri.

All'azione!

(1) Rifletti sull'importanza dell'onore e su come esso non sia influenzato da fattori esterni o dalle opinioni altrui.

(2) Riconsidera l'inseguimento di posizioni prestigiose e degli inviti a eventi di lusso e, invece, metti al primo posto la crescita personale e il fare la differenza in settori che rientrano sotto il nostro controllo.
(3) Capire che aiutare gli altri non significa necessariamente fornire assistenza materiale o renderli cittadini di un impero potente. Invece, concentratevi nell'essere un amico leale e rispettoso di sé.
(4) È importante dare priorità al rispetto, alla fedeltà e all'integrità in tutte le nostre azioni, anche quando si tratta di perseguire ricchezza o successo.
(5) Se stai cercando orientamenti o esempi su come mantenere l'autostima, la fedeltà e l'integrità nel perseguimento del successo finanziario, ci sono diverse risorse disponibili. Cerca ispirazione da coloro che hanno ottenuto con successo sia il successo finanziario che i valori personali. Può essere utile cercare consigli da mentori o modelli di ruolo che possono offrire illuminazioni e strategie per mantenere una forte bussola morale nella ricerca della prosperità. Ricorda che è possibile raggiungere il successo finanziario senza compromettere i propri principi. Apprendendo da coloro che hanno trovato questo equilibrio, puoi tracciare il tuo percorso verso la sicurezza finanziaria e la realizzazione personale.
(6) Rifiuta qualsiasi richiesta o domanda che ti obbligherebbe a compromettere le tue qualità personali o i tuoi valori personali per il bene degli altri.
(7) È fondamentale comprendere che un autentico aiuto al proprio paese non si basa esclusivamente sulla fornitura di beni materiali, ma comprende anche contributi individuali e la capacità di attrarre cittadini leali e rispettosi di sé stessi.
(8) Abbraccia qualsiasi ruolo all'interno dello Stato che ti permetta di mantenere fedeltà e autostima, invece di cercare posizioni che potrebbero compromettere queste qualità.
(9) È importante considerare le conseguenze a lungo termine di sacrificare qualità personali e valori nella ricerca di aiutare lo Stato.
(10) Dai priorità alla crescita personale, all'auto-miglioramento e al mantenimento dell'integrità personale, anziché al riconoscimento esterno o al successo materiale.

CAPITOLO 4 — PREPARAZIONE MENTALE

> **L'importanza della gestione delle aspettative e della ricerca di percorsi individuali**

25. Hai mai provato gelosia o delusione quando qualcun altro riceveva più riconoscimento o trattamento preferenziale, o quando veniva chiesto consiglio a loro invece che a te? Se queste situazioni sono positive, è importante essere genuinamente felici per loro. D'altra parte, se sono negative, non lasciare che ti infastidiscano perché significa che non hai avuto a che fare con quei problemi. Ricorda, se non intraprendi la stessa strada degli altri nel cercare cose che non sono sotto il nostro controllo, non puoi aspettarti di essere trattato allo stesso modo.

Pensa a questa situazione in questo modo: come può qualcuno che non cerca costantemente di impressionare gli altri aspettarsi di essere trattato allo stesso modo di qualcuno che lo fa? Come può qualcuno che non svolge tutti i compiti extra aspettarsi di essere ricompensato allo stesso modo di chi lo fa? Sarebbe ingiusto e insoddisfacente aspettarsi che ti vengano regalate queste cose, senza fare alcuno sforzo o pagarne il prezzo.

Prendiamo ad esempio l'acquisto della lattuga. Il prezzo di una testa di lattuga è, diciamo, un dollaro. Se qualcuno decide di pagare quel dollaro e prendere la sua lattuga, mentre tu scegli di non pagare e finisci senza lattuga, non puoi sentirti peggio della persona che ha pagato. Loro hanno la loro lattuga e tu hai ancora il tuo dollaro che non hai speso.

Lo stesso vale per la vita in generale. Se non sei stato invitato a una cena, è perché non hai dato all'ospite ciò che considera importante, come l'ammirazione o l'attenzione. Se desideri essere invitato, devi dare loro ciò che vogliono, ma solo se si allinea con i tuoi interessi. Tuttavia, se ti aspetti di ottenere tutti i benefici senza fare alcun sacrificio, stai agendo in modo irragionevole e ingenuo.

Ma non temere, ci sono sempre alternative. Non partecipando alla cena, eviti di dover lodare qualcuno che non ammiri e non devi affrontare il comportamento maleducato del loro personale.

CAPITOLO 4 — PREPARAZIONE MENTALE

> **Dalla lezione...**
>
> Sii sinceramente felice per il riconoscimento che gli altri ricevono, accetta che percorsi diversi portino a trattamenti diversi e non aspettarti ricompense senza sforzarti o fare sacrifici.

All'azione!

(1) Sii sinceramente felice per gli altri quando ricevono riconoscimenti o trattamenti preferenziali. Evita qualsiasi sentimento di gelosia o delusione e, invece, concentrati nel festeggiare il loro successo.

(2) Capisci che, se non hai ricevuto lo stesso riconoscimento o trattamento, potrebbe indicare che sei stato risparmiato dai problemi o dalle difficoltà a esso collegati.

(3) Riconosci che, se non segui la stessa strada degli altri nel perseguire cose che sono al di là del tuo controllo, è irrealistico aspettarsi un trattamento equo.

(4) Prenditi un attimo per riflettere sull'impegno che metti nel cercare di impressionare gli altri o nel fare un passo in più. È importante capire che le persone che si dedicano costantemente di più potrebbero ricevere maggiori ricompense o riconoscimenti.

(5) È importante riconoscere che aspettarsi ricompense od ottenere vantaggi senza fare alcun sacrificio o sforzo è sia ingiusto che irrealistico.

(6) Quando ti trovi in situazioni in cui ti senti escluso o trascurato, è importante considerare alternative opzioni. Prenditi il tempo necessario per valutare i potenziali vantaggi e svantaggi della partecipazione e decidere in base ai tuoi interessi e valori personali.

(7) Se scegli di non partecipare a una situazione, evita di soffermarti sui sentimenti di risentimento o insoddisfazione. Invece, concentrati sui vantaggi di non dover compromettere i tuoi valori o affrontare circostanze sfavorevoli.

Trattati con Compassione e Comprensione

26. Per comprendere ciò che la natura ci riserva, concentriamoci sui modi in cui siamo tutti simili. Pensateci: quando qualcosa si rompe, come ad esempio la tazza di cui un ragazzo si nutre, siamo pronti a scuoterci di dosso e dire: "Beh, gli incidenti capitano".

Perciò, quando è la nostra tazza che si frantuma, dovremmo reagire nella stessa maniera in cui lo faremmo se fosse successo a qualcun altro.

Adesso, applichiamo questa medesima mentalità a questioni più rilevanti. Quando sentiamo dire che il figlio o il coniuge di qualcun altro è morto, comprendiamo che è semplicemente parte della vita. Diciamo: "Questo è il destino dell'umanità". Ma quando ciò accade a noi stessi, gridiamo immediatamente con angoscia, pensando: "Oh no! Perché proprio a me?" Tuttavia, dovremmo sforzarci di ricordare come ci immedesimiamo con gli altri che attraversano la stessa tragedia.

Il messaggio è chiaro: impariamo a trattarci reciprocamente con la stessa compassione e comprensione con cui trattiamo gli altri.

Dalla lezione...

Trattati con la stessa compassione e comprensione che dai agli altri.

All'azione!

(1) Riconosci che gli incidenti accadono e lascia perdere piccole incombenze o rotture, esattamente come faremmo se accadesse a qualcun altro.
(2) Applica la stessa mentalità alle questioni più significative, come la perdita di una persona cara, comprendendo che fa parte della vita e del destino dell'umanità.
(3) Quando ci si trova di fronte a difficoltà personali o tragedie, è importante evitare di reagire immediatamente con angoscia o autocommiserazione.
(4) Ricordiamoci di provare empatia verso coloro che potrebbero trovarsi colpiti da tragedie o difficoltà simili.
(5) Impariamo a trattarci reciprocamente con la stessa compassione e comprensione che mostriamo agli altri.

Il Significato della Malvagità nel Mondo

27. Proprio come un cartello non viene appeso per essere ignorato, lo stesso vale per la presenza del male nel mondo.

CAPITOLO 4 — PREPARAZIONE MENTALE

> **Dalla lezione...**
>
> Riconoscere e affrontare la realtà del male, perché ignorarla solo permette la sua persistenza e crescita.

All'azione!

(1) Riconoscere e accettare l'esistenza del male: il primo passo consiste nell'accettare consapevolmente e riconoscere che il male esiste nel mondo. È importante comprendere che ignorare o negare la sua presenza non lo farà sparire.

(2) Aumenta la consapevolezza: Prendi misure pro attive per aumentare la consapevolezza dell'esistenza del male e delle sue manifestazioni. Ciò può essere raggiunto attraverso l'instaurazione di conversazioni, la promozione dell'istruzione, la condivisione di informazioni cruciali o il supporto attivo delle campagne di sensibilizzazione.

(3) Promuovi l'empatia e la compassione: il male spesso si sviluppa in un ambiente privo di empatia e compassione. È fondamentale promuovere attivamente queste qualità all'interno dei tuoi cerchi personali e sociali. Dovresti incoraggiare comprensione, gentilezza e sostegno per gli altri.

(4) Prendere una posizione contro l'ingiustizia: contrastare le ingiustizie causate dalle azioni malvagie. Che si tratti di promuovere i diritti umani, combattere l'oppressione sistemica o lottare contro la discriminazione, bisogna partecipare attivamente ad azioni che mirano a portare un cambiamento positivo.

(5) Segnalare e affrontare qualsiasi tipo di illecito: Se ti imbatti in atti di malvagità, come attività criminali o comportamenti poco etici, sii pro attivo/a e comunica le informazioni alle autorità competenti. Agendo in questo modo, promuoverai attivamente la responsabilità e lavorerai per prevenire eventuali danni futuri.

(6) Supporto alle vittime e ai sopravvissuti: Estendi il tuo sostegno a coloro che sono stati colpiti da atti malvagi. Ciò potrebbe includere fornire supporto emotivo, fare da portavoce per la giustizia in loro nome o aiutarli ad accedere a risorse e servizi pertinenti.

(7) Promuovi un ambiente sicuro incoraggiando l'inclusività sia nello spazio personale che in quello professionale. Fissa come obiettivo l'eliminazione dei casi di molestie, abusi e qualsiasi forma di

CAPITOLO 4 — PREPARAZIONE MENTALE

maltrattamento. Coltiva una cultura che pone il rispetto, l'uguaglianza e la correttezza come priorità.

(8) Partecipare ad atti di bontà: contrasta il male partecipando attivamente ad atti di bontà e gentilezza. Diffondi positività e contribuisci positivamente alla tua comunità. Anche piccole azioni, come fare volontariato, aiutare uno sconosciuto o compiere atti di gentilezza casuale, possono fare una differenza significativa.

(9) Educa ed emancipa le future generazioni: Arma i giovani individui con la conoscenza e i valori fondamentali necessari per discernere e affrontare la malvagità. Infondi in loro il pensiero critico, l'empatia e l'importanza di prendere posizione contro l'ingiustizia.

(10) Sostieni le organizzazioni che combattono il male: Identifica e sostieni organizzazioni e iniziative dedite al contrasto del male e alla promozione di cambiamenti positivi. Ciò può essere realizzato attraverso donazioni, volontariato o sensibilizzazione sul loro lavoro.

(11) Ricorda che le azioni individuali posseggono il potenziale di creare, nel loro insieme, un effetto a catena e contribuire a un mondo più giusto e compassionevole.

La Vulnerabilità della Tua Mente: La Stai Regalando Troppo Facilmente?

28. Se qualcuno dovesse casualmente dare il tuo corpo a chiunque incontri, saresti veramente infastidito. Ma ecco la questione: tu volentieri dai la tua mente a chiunque incontri. E se ti insultano, è come se la tua mente si sconvolgerebbe e si agiterebbe tutta. Non ti senti imbarazzato per questo?

Dalla lezione...

Proteggi la tua mente dalle influenze esterne padroneggiando l'arte della resilienza emotiva e preservando la tua pace interiore.

All'azione!

(1) Prenditi un momento per riflettere sull'importanza di stabilire dei confini con gli altri. Inizia valutando il grado di fiducia e familiarità necessari affinché qualcuno possa accedere ai tuoi pensieri e alle tue emozioni più profonde.

(2) Pratica l'autoconsapevolezza per riconoscere quando le parole o gli insulti di qualcuno stanno influenzando il tuo benessere mentale.

CAPITOLO 4 — PREPARAZIONE MENTALE

Coltiva tecniche come la respirazione profonda, gli esercizi di radicamento o la meditazione per riprendere il controllo della tua mente in queste situazioni.

(3) Esplora i metodi per costruire resilienza e forza emotiva, tra cui la terapia, i libri di auto-aiuto e i gruppi di supporto. Queste risorse possono aiutarti a sviluppare la capacità di rimanere calmo e fiducioso anche di fronte a critiche o insulti.

(4) Considera l'implementazione di un corso di assertività per imparare modi efficaci di esprimere le tue opinioni, pensieri ed emozioni senza essere troppo influenzato dai giudizi o dagli insulti altrui.

(5) Prenditi il tempo necessario per riflettere sulla tua autostima e la tua identità. Concentrati nello sviluppare un forte senso di te stesso che non sia fortemente dipendente dalle conferme o critiche esterne.

(6) Impegnati in attività o hobby che accrescano la tua autostima e rafforzino il tuo senso di valore, indipendentemente dalle opinioni altrui.

(7) Circondati di influenze positive e di individui che ti sostengono e incoraggiano, in modo da ridurre al minimo l'impatto delle negatività provenienti dagli altri.

(8) Pratica la compassione verso te stesso e il perdono. Comprendi che tutti commettono errori, inclusa te stessa, e impara a lasciar andare le emozioni negative o i rancori che possono portare a sentimenti di disordine o turbamento quando sei confrontata con insulti.

(9) È importante stabilire confini chiari e assertivi con le persone che costantemente mancano di rispetto o insultano. Fai della tua salute mentale ed emotiva una priorità limitando o terminando completamente i contatti con individui tossici.

(10) Lavora costantemente sulla crescita personale e sul miglioramento personale per aumentare la tua resilienza e la capacità di gestire con garbo le sfide emotive. Ciò può implicare la terapia, dedicarsi alla riflessione personale o partecipare ad attività di sviluppo personale.

CAPITOLO 4 — PREPARAZIONE MENTALE

> **Scegliere il proprio percorso: L'importanza della riflessione e dell'impegno**

29. Quando ci si avvicina a qualsiasi compito, è importante considerare ciò che viene prima e dopo, prima di immergersi. Se ti lanci semplicemente in qualcosa senza pensare alle fasi successive, potresti iniziare entusiasta ma finire per arrenderti quando ti trovi di fronte a delle sfide. Ad esempio, diciamo che aspiri a vincere una medaglia olimpica, è un grande obiettivo! Tuttavia, è necessario contemplare ciò che devi fare sia prima che dopo. Avrai bisogno di essere disciplinato, seguire una dieta rigorosa, rinunciare ai dolci, allenarti costantemente anche quando non ne hai voglia e seguire un programma indipendentemente dal tempo. Non puoi semplicemente consumare ciò che vuoi quando ti va. Devi dedicarti al tuo allenatore allo stesso modo in cui ti preoccupi di un medico. Inoltre, quando è il momento di competere, devi essere preparato ad affrontare i tuoi avversari di petto, prendendo rischi e accettando possibili ostacoli e infortuni. Solo dopo aver considerato attentamente tutti questi fattori dovresti procedere se desideri ancora perseguire il tuo obiettivo. Altrimenti, semplicemente tornerai sui tuoi passi come un bambino. Un momento gioca a lottatori, il momento successivo si comportano come gladiatori, suonano trombe o recitano in uno spettacolo. In modo simile, hai fatto esperienze come atleta, gladiatore, oratore e filosofo, ma non ti sei mai completamente dedicato a niente. Semplicemente imiti ciò che cattura la tua attenzione, senza una riflessione o un esame profondo. Se desideri diventare un filosofo perché hai visto qualcuno come Euphrates parlare (anche se, onestamente, chi può parlare come lui?), prima considera se sei in grado di affrontarlo. Vuoi lottare per diventare un contendente del pentathlon o un lottatore? Valuta il tuo fisico - le tue braccia, le tue cosce, la tua forza. Ogni persona possiede i propri talenti naturali. Puoi modificare le tue abitudini alimentari e di consumo, così come il tuo comportamento impulsivo? Puoi sopportare notti insonni, duro lavoro, solitudine e tollerare il disprezzo degli altri? Sei in grado di sopportare uno status sociale, una posizione e una reputazione costantemente inferiori? Rifletti profondamente su queste sfide e determina se le ricompense della tranquillità, della libertà e della pace

CAPITOLO 4 — PREPARAZIONE MENTALE

sono sufficienti per te. Se no, allora la filosofia potrebbe non essere la strada giusta per te. Non imitare un bambino, cambiando continuamente ruolo: ora filosofo, poi esattore delle tasse, poi oratore, poi servitore di Cesare. Queste strade non si intrecciano. Devi scegliere chi aspiri a essere, buono o cattivo. Devi decidere se desideri lavorare per il miglioramento di te stesso internamente o esternamente. Sii un filosofo o sii una persona comune.

Dalla lezione...

Prima e dopo aver completato un compito, è importante prendere in considerazione i passaggi coinvolti. Dedicati completamente al processo e poi scegli deliberatamente di lavorare per il miglioramento personale, sia esso interno o esterno.

All'azione!

(1) Prima di iniziare qualsiasi compito, è importante prendersi un momento per considerare i passaggi che lo precedono e quelli che seguono.

(2) Imposta obiettivi chiari per te stesso, come puntare a una vittoria olimpica. Tuttavia, è altrettanto importante considerare le azioni e i sacrifici necessari per raggiungere tali obiettivi.

(3) Sviluppare disciplina e attenersi a una rigorosa dieta e a un programma di allenamento, anche quando si affrontano sfide o manca motivazione.

(4) Per mantenere la coerenza, è importante creare un programma e adattarsi a esso. Ciò vale anche quando si affrontano fattori esterni come le condizioni meteo o gli sbalzi d'umore.

(5) Capisci che per raggiungere i tuoi obiettivi potrebbe essere necessario rinunciare a certe indulgenze o abitudini che non contribuiscono al tuo successo.

(6) Impegnati totalmente con il tuo istruttore o mentore, trattandolo con lo stesso rispetto e impegno che avresti verso un medico.

(7) Preparati ad affrontare difficoltà e imprevisti, inclusi potenziali infortuni, quando arriverà il momento di competere o raggiungere i tuoi obiettivi.

(8) Prima di intraprendere un determinato percorso o ruolo, è fondamentale valutare criticamente se si possiedono le qualità, le capacità e il livello di impegno necessari per raggiungere il successo.

(9) Considera le sfide e i sacrifici associati al percorso desiderato, come il cambiamento delle abitudini alimentari, dei comportamenti impulsivi, delle notti insonni e dell'isolamento.

(10) Prenditi un momento per riflettere sui possibili benefici - tranquillità, libertà e pace - e valutali attentamente in relazione alle prove e ai sacrifici che potrebbero sorgere.

(11) Scegli un percorso o un ruolo che sia in linea con i tuoi desideri e le tue capacità, che tu voglia intraprendere la strada del filosofo o semplicemente restare una persona comune.

(12) Evita di cambiare continuamente ruoli o percorsi e, invece, impegnati in uno solo e dedicati al miglioramento personale sia internamente che esternamente.

Navigare le responsabilità sociali: Il potere delle relazioni e della riflessione personale

30. Le nostre responsabilità sono determinate dalle nostre relazioni sociali. Ad esempio, se qualcuno è tuo padre, ci si aspetta che tu abbia cura di lui, metta le sue esigenze al primo posto e rimanga sottomesso anche se ti attacca verbalmente o ti fa del male fisicamente. Tuttavia, anche se tuo padre non è una persona buona, hai comunque un dovere verso di lui semplicemente a causa del vostro rapporto. Lo stesso principio si applica ad altri membri della famiglia o persone nella tua vita che potrebbero trattarti male.

Se tuo fratello ti maltratta, è importante mantenere il rapporto e concentrarsi sulle proprie azioni invece che sul suo comportamento. Per allinearsi ai propri valori morali e alla propria natura, è importante non farsi coinvolgere da ciò che fa ma piuttosto pensare a come si dovrebbe rispondere. Ricorda, nessuno può farti del male senza il tuo permesso. Tu subisci solo danni quando credi di essere stato danneggiato. Adottando questa mentalità, si comprenderanno meglio le responsabilità che si hanno verso i propri vicini, i propri concittadini e persino i propri superiori, esaminando le proprie connessioni sociali con loro.

Dalla lezione...

Per acquisire una comprensione più approfondita delle tue responsabilità verso gli altri e mantenere i tuoi principi morali, è essenziale che tu dia priorità al tuo comportamento e alle tue reazioni. Inoltre, è fondamentale mettere l'accento sulla coltivazione delle relazioni, anche con individui che potrebbero trattarti male.

> *All'azione!*
>
> (1) Prenditi cura di tuo padre e dai priorità alle sue necessità, anche se ti attacca verbalmente o ti fa del male fisicamente.
> (2) Rimani sottomesso verso tuo padre, indipendentemente dal suo comportamento.
> (3) È importante mantenere il tuo rapporto con tuo fratello, indipendentemente da come potrebbe trattarti male.
> (4) Concentrati sulle tue azioni e sulle tue risposte, anziché ossessionarti del comportamento degli altri.
> (5) Ricorda sempre che nessuno può nuocerti senza il tuo permesso.
> (6) Adotta l'atteggiamento mentale secondo cui subisci danni solo quando credi di essere stato danneggiato.
> (7) Per capire meglio le tue responsabilità verso gli altri, come i tuoi vicini, i tuoi concittadini e i tuoi superiori, è importante esaminare le tue relazioni sociali.

CAPITOLO 5

— RUOLI E DOVERI SOCIALI

Questo capitolo esplora come possiamo adempiere alle nostre responsabilità e obblighi nella società rimanendo virtuosi. Che siamo bravi figli, fratelli, genitori o cittadini, Epitteto offre preziosi consigli che possono ancora essere applicati alle nostre vite oggi. Egli sottolinea l'importanza di rimanere fedeli ai nostri valori anziché preoccuparci di come gli altri ci percepiscono. Inoltre, ci incoraggia a dare priorità alla nostra relazione con una forza superiore e a comportarci saggiamente nelle situazioni sociali. In definitiva, il nostro obiettivo dovrebbe essere quello di mantenere una solida bussola morale in tutti gli aspetti delle nostre vite.

L'importanza delle credenze e della mentalità nella devozione agli dei

31. Quando si tratta di mostrare rispetto e devozione agli dei, l'aspetto più importante è avere le credenze corrette su di loro. Ciò implica riconoscere la loro esistenza e capire che hanno il controllo sul mondo, garantendo equità e giustizia. Coinvolge anche dedicarsi a obbedirgli e accettare tutto ciò che accade, credendo che faccia parte di un grande piano guidato da un'intelligenza divina. Comportandosi in questo modo, uno non incolperà mai gli dei né li accuserà di trascurarli.

Tuttavia, raggiungere questa mentalità richiede un cambiamento di prospettiva. È essenziale smettere di percepire le cose al di là del proprio controllo come buone o cattive e invece concentrarsi su ciò che può essere controllato. Se i fattori esterni vengono categorizzati

CAPITOLO 5 — RUOLI E DOVERI SOCIALI

come buoni o cattivi, ci saranno inevitabilmente colpe e rancori verso coloro che vengono considerati responsabili quando le cose non vanno come desiderato. Gli esseri umani tendono naturalmente a evitare e disprezzare ciò che appare dannoso, mentre perseguono e ammirano ciò che è vantaggioso. Di conseguenza, se qualcuno crede che qualcosa stia causando danni, non troverà piacere né in essa né nel dolore stesso.

Ecco perché i membri della famiglia possono diventare nemici, come i fratelli Polinice ed Eteocle, quando competono per qualcosa considerata buona, come il potere regale. È anche per questo che agricoltori, marinai, commercianti e persone che hanno subito la perdita di persone care possono maledire gli dei, poiché i loro affronti sono legati ai loro stessi interessi. La vera devozione agli dei, quindi, è intimamente legata a come gestiamo i nostri desideri e avversioni. Coloro che ne sono consapevoli praticano anche la pietà.

Dalla lezione...

Cambia prospettiva, concentrati su ciò che puoi controllare e abbraccia il piano divino per dimostrare rispetto e devozione verso gli dei.

All'azione!

(1) Sviluppa le giuste credenze sugli dei, considerandoli come entità reali e comprendendo il loro controllo sul mondo.
(2) Una persona dovrebbe impegnarsi a obbedire agli dei e accettare tutto ciò che accade come parte di un piano divino.
(3) Cambia prospettiva e smetti di etichettare i fattori esterni come buoni o cattivi.
(4) Invece di rimuginare su ciò che non può essere controllato, è meglio concentrarsi su ciò che può essere controllato.
(5) Evita di incolpare e risentire coloro che sono responsabili dei risultati sfavorevoli.
(6) Gestire i propri desideri e avversioni riguardanti gli interessi personali e i rancori è fondamentale.
(7) Evita di incolpare e accusare gli dei per negligenza.
(8) Coltiva una mentalità di compassione gestendo consapevolmente i tuoi desideri e avversioni.

CAPITOLO 5 — RUOLI E DOVERI SOCIALI

Il ruolo della divinazione e della ragione nel processo decisionale

32. Quando ti rivolgi alla divinazione, ricorda che stai cercando risposte, ma non sai quali saranno queste risposte. Ti stai affidando al divinatore affinché te le riveli. Tuttavia, se ti consideri un filosofo, già comprendi la situazione prima di cercare una guida. Se la questione in questione è al di là del tuo controllo, è necessario accettare che l'esito non sarà necessariamente buono o cattivo.

Pertanto, quando ti avvicini al divinatore, lascia da parte desideri e avversioni e non tremare per paura. Invece, ricordati che l'esito è indifferente e non ha potere su di te. Qualunque cosa sia, puoi trovare un modo per farla funzionare a tuo vantaggio, senza che nessuno possa fermarti. Avvicinati agli dei con fiducia, considerandoli saggi consiglieri. E una volta ricevuti i loro consigli, ricorda da chi hai cercato consigli e le conseguenze di ignorarne il parere.

Tuttavia, rivolgiti alla divinazione solo quando hai veramente bisogno di risposte che la ragione o altri metodi non possono fornire. Ad esempio, quando l'esito di una situazione è incerto e non riesci a trovare una soluzione logica. Ma nei casi in cui la decisione coinvolge la tua lealtà verso un amico o il tuo dovere verso il tuo paese, non fare affidamento sulla divinazione per dirti cosa fare. Anche se il divinatore prevede segni o presagi sfavorevoli, devi usare la tua ragione e stare al fianco del tuo amico, anche se significa correre un rischio o affrontare pericoli. Ricorda le lezioni di Apollo Pitio, che bandì l'uomo che non aiutò il suo amico quando stava per essere ucciso.

Dalla lezione...

Avvicinati alla divinazione con fiducia, accettando che l'esito non abbia potere su di te e affidandoti al tuo ragionamento quando si tratta di questioni di lealtà e dovere.

All'azione!

(1) Quando cerchi la divinazione, avvicinati con una mente aperta e lascia andare ogni desiderio o avversione.
(2) Ricorda che il risultato della divinazione è irrilevante e non ha potere su di te.

(3) Trova un modo per sfruttare il risultato divino a tuo vantaggio, assicurandoti contemporaneamente che nessuno possa ostacolare il tuo progresso.
(4) Avvicinati con sicurezza agli dei, considerandoli saggi consiglieri.
(5) Ricorda da chi hai cercato consigli e considera le conseguenze di ignorarli.
(6) Rivolgersi alla divinazione solo quando la ragione o altri metodi non sono in grado di fornire le risposte di cui hai bisogno.
(7) Utilizza la divinazione in situazioni in cui l'esito è incerto e le soluzioni logiche sono elusive.
(8) Non fare affidamento sulla divinazione quando si tratta di prendere decisioni riguardanti la tua fedeltà verso un amico o il tuo dovere verso il tuo paese.
(9) Quando ti trovi di fronte a situazioni che mettono alla prova la tua lealtà o il tuo senso del dovere, fai affidamento sul tuo giudizio e mantieniti saldo nel sostenere il tuo amico, anche se ciò comporta affrontare potenziali rischi o pericoli.
(10) Impara dalla lezione di Apollo Pitone, che ha esiliato un uomo perché ha fallito nel momento di bisogno del suo amico.

Sviluppare un carattere forte e nobile: Linee guida per interagire con gli altri

33. Imposta un carattere chiaro e coerente fin dall'inizio, sia che tu sia solo o con altre persone. Parla con parsimonia, solo quando necessario, e mantieni i tuoi commenti concisi. Tuttavia, quando parli, assicurati che si tratti di argomenti di sostanza, piuttosto che dei soliti temi come lo sport o il cibo. Evita di fare pettegolezzi sugli altri, che si tratti di criticarli o lodarli. Invece, cerca di indirizzare la conversazione verso argomenti più significativi. Tuttavia, se ti ritrovi da solo con estranei, è meglio rimanere in silenzio.

Non ridere in modo eccessivo o di tutto. Se possibile, evita del tutto di giurare. Ma se non puoi farne a meno, limita i giuramenti il più possibile in base alla situazione.

Stai lontano dalle feste organizzate da persone che non capiscono o apprezzano la filosofia. Ma se devi partecipare, assicurati di non farti coinvolgere dal loro comportamento. Ricorda, se passi del tempo con qualcuno che è disordinato, è probabile che ti sporcherai anche tu, indipendentemente dalla tua pulizia.

Per quanto riguarda i beni materiali, prendi solo ciò di cui hai veramente bisogno per sopravvivere: cibo, bevande, abbigliamento, riparo e oggetti essenziali per la casa. Elimina tutto ciò che serve solo per mostrare o che è superfluo.

Mantieni la purezza nelle tue relazioni prima del matrimonio e, se prendi parte in attività, assicurati che siano conformi alla legge. Tuttavia, non essere giudicante od offensivo verso coloro che scelgono in modo diverso ed evita di parlarne troppo frequentemente delle tue scelte personali.

Se qualcuno ti dice che gli altri stanno parlando male di te, non sentire il bisogno di difenderti. Invece, riconosci i loro commenti e di' che ci sono molte altre debolezze che non conosci. Nella maggior parte dei casi, non è necessario partecipare a spettacoli pubblici. Ma se decidi di farlo, concentrati su te stesso e accetta qualunque esito si verifichi. Evita di gridare, ridere degli altri o farti prendere troppo la mano. E dopo lo spettacolo, non pensarci più se non contribuisce alla tua crescita personale. Parlarne in modo eccessivo implica che ne sei rimasto troppo impressionato.

Sii selettivo riguardo alla partecipazione a letture pubbliche e, quando partecipi, mantieni la tua dignità senza diventare sgarbato. Quando incontri qualcuno importante, chiediti cosa farebbero in quella situazione grandi filosofi come Socrate o Zenone. Questo ti guiderà su come gestire al meglio la situazione. Allo stesso modo, quando visiti una persona potente, preparati alla possibilità di essere respinto o ignorato. Se decidi ancora di andare, accetta l'esito senza lamentarti. Non permettere a te stesso di pensare che non ne sia valsa la pena, poiché questa è la mentalità di chi si infastidisce per circostanze esterne.

Nelle conversazioni, evita di vantarti in modo eccessivo dei tuoi successi o avventure, perché gli altri potrebbero non trovarli altrettanto interessanti quanto te. Stai anche attento a fare scherzi, poiché possono facilmente diventare volgari e diminuire il rispetto che gli altri hanno per te. È importante astenersi dall'uso di linguaggio volgare. Se qualcuno oltrepassa quella linea, se appropriato, affronta

CAPITOLO 5 — RUOLI E DOVERI SOCIALI

educatamente il suo comportamento. Altrimenti, mostra la tua disapprovazione attraverso il tuo silenzio, arrossendo o con un'espressione rigida.

> **Dalla lezione...**
>
> Per mantenere un carattere chiaro e coerente, è importante parlare saggiamente e partecipare a conversazioni significative. È fondamentale evitare pettegolezzi e limitare le risate e i giuramenti eccessivi. Inoltre, stare lontano dalle influenze negative e dare priorità alle cose essenziali sono altrettanto importanti.
>
> Mantenere la purezza nelle relazioni è fondamentale, così come scegliere di non difendersi dalle voci. È invece meglio concentrarsi sulla crescita personale e gestire le situazioni importanti con dignità. Accettare gli esiti senza lamentarsi è segno di maturità emotiva, così come astenersi dal vantarsi o fare battute volgari. Infine, dimostrare disapprovazione per il linguaggio volgare è un segno di rispetto.

> **All'azione!**
>
> (1) Imposta un atteggiamento chiaro e coerente sia quando ti trovi da solo che, quando ti trovi in compagnia degli altri.
> (2) Parla con parsimonia, solo quando necessario, e assicurati che i tuoi commenti siano concisi.
> (3) Discutere di argomenti significativi, evitando conversazioni su sport o cibo.
> (4) In molti contesti sociali, è importante poter partecipare a conversazioni significative e interessanti. Invece, quindi, di limitarci a parlare di argomenti comuni come sport o cibo, possiamo cercare di affrontare tematiche più profonde e intellettuali.
> (5) Ad esempio, potremmo discutere di politica e dei suoi impatti sulla società. Questo potrebbe coinvolgere dibattiti sulle diverse ideologie politiche, le sfide globali e le questioni di politica interna. Inoltre, potremmo esplorare il ruolo dei cittadini nel prendere decisioni politiche informate e responsabili.
> (6) In alternativa, potremmo parlare di questioni sociali, come l'uguaglianza di genere, il cambiamento climatico o la povertà. Possiamo condividere le nostre opinioni e cercare di individuare possibili soluzioni per affrontare questi problemi.

(7) Inoltre, è sempre interessante discutere di arte, letteratura e cultura. Possiamo parlare delle ultime mostre d'arte che abbiamo visitato, dei libri che abbiamo letto di recente o dei film che ci hanno colpito. Questo ci permetterà di approfondire le nostre conoscenze e di imparare qualcosa di nuovo dagli altri.

(8) Infine, potremmo anche discutere di argomenti filosofici e spirituali. Possiamo condividere le nostre riflessioni sulla vita, sul significato dell'esistenza e sulla nostra ricerca di scopo e felicità.

(9) In conclusione, evitare le conversazioni su sport o cibo può aprirci a discussioni più profonde e significative. Discutere di politica, questioni sociali, arte e cultura, così come di argomenti filosofici e spirituali, ci aiuterà a crescere intellettualmente e a creare connessioni più profonde con gli altri.

(10) Evita di partecipare a pettegolezzi o di giudicare gli altri durante le conversazioni.

(11) Indirizza la conversazione verso argomenti più significativi.

(12) Se ti trovi mai da solo con estranei, è consigliabile rimanere in silenzio.

(13) Evita di ridere eccessivamente o di ridere di tutto.

(14) È consigliabile limitare o addirittura evitare di prestare giuramenti, a seconda della situazione.

(15) Evita di partecipare a feste organizzate da persone che non apprezzano la filosofia.

(16) Se partecipi a tali feste, non lasciarti coinvolgere dal loro comportamento.

(17) Fai attenzione alle persone con cui ti frequenti, poiché associarsi con individui disordinati può influire sulla tua stessa igiene.

(18) Prendi solo ciò di cui hai veramente bisogno per sopravvivere in termini di beni materiali.

(19) Elimina tutto ciò che è superfluo o ha solamente uno scopo decorativo.

(20) È fondamentale mantenere la purezza nelle relazioni prima del matrimonio e impegnarsi in attività lecite.

(21) Non essere giudicante od offensivo nei confronti di coloro che fanno scelte diverse.

(22) È consigliabile evitare di fare frequenti riferimenti alle proprie scelte personali.
(23) Non c'è bisogno di sentirsi obbligati a difendersi quando gli altri parlano male di te. Invece, riconosci semplicemente i loro commenti e sottolinea sottilmente che potrebbero non essere consapevoli di altre tue qualità.
(24) Evita di partecipare a spettacoli pubblici, a meno che non sia strettamente necessario. Invece, concentra la tua attenzione su te stesso e accetta il risultato.
(25) Evita di urlare, ridere degli altri o eccitarti eccessivamente durante le presentazioni pubbliche.
(26) Dopo una performance, è meglio evitare di insistere su di essa a meno che non apporti valore al tuo sviluppo personale.
(27) Per mantenere la propria dignità senza risultare spiacevoli, è importante essere selettivi quando si partecipa a letture pubbliche.
(28) Immagina come i grandi filosofi gestirebbero l'incontro con una persona importante.
(29) Essere preparati alla possibilità di essere respinti o ignorati quando si visita qualcuno in una posizione di potere.
(30) Accetta il risultato senza lamentarti quando visiti qualcuno potente.
(31) È consigliabile astenersi dal vantarsi eccessivamente dei successi o delle avventure durante le conversazioni.
(32) Sii prudente quando fai scherzi, poiché hanno il potenziale di diventare volgari e di diminuire il rispetto che gli altri hanno per te.
(33) Astieniti dall'utilizzare linguaggio volgare e affronta tale comportamento in modo educato, se appropriato.
(34) Mostrare disapprovazione rimanendo in silenzio, arrossendo o assumendo un'espressione severa quando qualcuno oltrepassa il limite con il proprio comportamento.

Navigare il piacere: trovare equilibrio e resistere alla tentazione

34. Quando ti imbatti in qualcosa che ti dà piacere, fai attenzione. Non permettere che ti trascini via come qualsiasi altra distrazione. Prenditi, invece, un momento per fermarti e riflettere su di esso. Considera due diversi periodi di tempo: il primo quando stai

CAPITOLO 5 — RUOLI E DOVERI SOCIALI

effettivamente gustando il piacere, e il secondo dopo che è passato, quando ti senti pentito e deluso. Confronta questi due momenti con la soddisfazione e la contentezza che proverai se resisti al piacere.

Tuttavia, se credi che sia giunto il momento di concederti questo piacere, fai attenzione a non farti sopraffare dal suo fascino. Ricordati, invece, quanto sia più gratificante superare la tentazione e prevalere su di essa.

Dalla lezione...

Sii prudente e prenditi un momento per considerare le conseguenze dell'indulgere. Confronta il piacere temporaneo con la soddisfazione duratura e ricorda sempre la gioia che nasce dalla resistenza alla tentazione e dal raggiungimento del trionfo.

All'azione!

(1) Pratica la consapevolezza: quando incontri qualcosa che ti porta gioia, prenditi un momento per fermarti consapevolmente e apprezzarlo. Non permetterti di lasciarti trascinare via senza essere completamente presente nel momento.

(2) Rifletti sulle esperienze passate: Dedica del tempo a riflettere su quei momenti in cui ti sei lasciato prendere dalla gratificazione immediata e successivamente hai provato rimorso o delusione. Confronta ciò con i momenti in cui hai resistito alla tentazione e hai provato soddisfazione e contentezza. Utilizza queste riflessioni come motivazione per resistere all'impulsivo desiderio di cedere al piacere.

(3) Considerare le conseguenze a lungo termine: Prima di lasciarti trasportare da un'esperienza piacevole, prenditi un momento per riflettere sulle possibili conseguenze negative che potrebbero verificarsi successivamente. Valuta se il piacere fugace valga davvero i possibili sentimenti di rimpianto o delusione che potrebbero insorgere.

(4) Concentrati sulla gratificazione ritardata: invece di cercare piaceri immediati, ricordati della maggior soddisfazione e contentezza che possono derivare dalla resistenza alle tentazioni. Coltiva una mentalità che valorizzi il raggiungimento di una soddisfazione a lungo termine piuttosto che di un piacere effimero.

(5) Costruisci la resilienza contro il fascino: riconosci il fascino e la tentazione che il piacere può esercitare e fai attenzione a non lasciarlo

sopraffare la tua capacità di resistere. Ricorda la forza e la vittoria che derivano dal superamento della tentazione.

(6) Sviluppa l'autodisciplina: allenati a resistere alla tentazione immediata praticando l'autodisciplina in altre aree della tua vita. Cerca occasioni per esercitare il controllo su te stesso e ritardare la gratificazione, poiché ciò migliorerà la tua capacità di resistere al piacere quando necessario.

(7) Cerca supporto e responsabilità: Condividi i tuoi obiettivi e le tue difficoltà con amici fidati o persone care che possono fornirti sostegno e tenerti responsabile. Avere qualcuno con cui parlare o fare il punto della situazione può aiutarti a rimanere concentrato nel resistere alle tentazioni e nel raggiungere una soddisfazione a lungo termine.

(8) Creare un piano: Se ritieni che sia giunto il momento giusto per concederti un particolare piacere, è importante creare un piano in anticipo. Impostando confini e limiti, puoi assicurarti di non lasciarti trascinare. Avere un piano chiaro ti aiuterà a prendere decisioni più ponderate e intenzionali di fronte alla tentazione.

(9) Celebra le tue vittorie: riconosci e celebra quei momenti in cui resisti con successo alle tentazioni immediate. Premiarti per aver superato le tentazioni può rafforzare i sentimenti positivi di soddisfazione e contentezza che derivano dalla gratificazione ritardata.

(10) Pratica l'autoriflessione: Rifletti regolarmente sui tuoi progressi nel resistere ai piaceri impulsivi e valuta eventuali cambiamenti o miglioramenti nel tuo modo di pensare e comportarti. Utilizza quest'autoriflessione per affinare continuamente e rafforzare la tua capacità di resistere alle distrazioni e di dare priorità al soddisfacimento a lungo termine.

Abbraccia le tue convinzioni e supera i pregiudizi

35. Quando sei determinato a fare qualcosa che ritieni giusto, non preoccuparti del giudizio degli altri. Non nascondere le tue azioni, anche se la maggior parte delle persone potrebbe disapprovare. Tuttavia, se ciò che stai facendo è sbagliato, è meglio evitarlo del tutto. Ma se è davvero la cosa giusta da fare, perché dovresti temere coloro che ti criticano ingiustamente?

CAPITOLO 5 — RUOLI E DOVERI SOCIALI

> **Dalla lezione...**
>
> Rimani fedele alle tue convinzioni e alle tue azioni, indipendentemente dal giudizio degli altri, a patto che tu sappia di fare ciò che è giusto.

All'azione!

(1) Prenditi del tempo per riflettere sulle tue azioni e convinzioni, assicurandoti che siano in linea con i tuoi valori e principi morali.
(2) Abbi fiducia nelle tue decisioni e fede nel tuo giudizio personale, indipendentemente da ciò che gli altri possono pensare.
(3) Cerca una critica costruttiva da individui fidati che possano offrire preziosi suggerimenti e prospettive.
(4) Trova supporto da individui o comunità con idee simili che condividano la tua convinzione nella giustezza delle tue azioni.
(5) Informatevi sulle possibili conseguenze o rischi associati alla vostra decisione e prendete le necessarie precauzioni.
(6) Difendi ciò in cui credi, anche di fronte a critiche o giudizi ingiusti.
(7) Rimani aperto ai feedback costruttivi e sii disposto a rivalutare le tue azioni se ti vengono fornite informazioni o prospettive aggiuntive.
(8) Impegnati a comunicare in modo efficace e rispettoso con gli altri, anche se possono disapprovare le tue scelte.
(9) Fatti assertore delle tue convinzioni e ispira gli altri ad agire se credono anche loro nella giustezza della causa.
(10) Imparare dalle esperienze passate, sia dai successi che dai fallimenti, per migliorare continuamente e affinare il proprio approccio nel raggiungimento di ciò che si ritiene giusto.

Trovare l'equilibrio tra cura di sé e contesto sociale durante i pasti

36. Immagina questa situazione: sei seduto a tavola con qualcuno, entrambi godendovi un delizioso pasto. Ora, supponiamo che tu abbia l'opportunità di prendere una porzione più grande di cibo per te stesso. Da un lato, sembra un'ottima idea perché soddisferebbe la tua fame e sarebbe benefico per il tuo corpo. Ma d'altra parte, potrebbe influire negativamente sull'atmosfera e sulla connessione sociale tra te e il tuo compagno di cena.

CAPITOLO 5 — RUOLI E DOVERI SOCIALI

Proprio come le affermazioni "È giorno" e "È notte" hanno significati diversi quando considerate separatamente, ma non hanno senso quando combinate, questa situazione presenta un dilemma simile. Sebbene sia importante dare priorità alle tue esigenze fisiche, è altrettanto cruciale considerare l'impatto sulla relazione e sulla dinamica sociale in atto.

Quindi la prossima volta che ti trovi a condividere un pasto con qualcuno, ricorda di non pensare solo a ciò che è meglio per il tuo corpo, ma anche di mantenere rispetto per il tuo ospite e preservare l'atmosfera armoniosa. Si tratta di trovare un equilibrio tra prendersi cura di se stessi ed essere consapevoli del contesto sociale.

Dalla lezione...

Quando condividi un pasto con qualcuno, è importante considerare l'impatto che potrebbe avere sulla tua connessione sociale e mantenere il rispetto reciproco. Trovare un equilibrio tra prendersi cura di sé stessi ed essere consapevoli del contesto sociale è cruciale.

All'azione!

(1) Dare priorità alle tue necessità fisiche è fondamentale. Presta attenzione al tuo senso di fame e assicurati di essere completamente sazio durante il pasto.

(2) Considera l'effetto sulla tua relazione: rifletti su come prendere una porzione più grande possa influenzare la connessione sociale e l'atmosfera tra te e il tuo compagno di cena.

(3) Mantieni il rispetto per il tuo ospite mostrando apprezzamento per il pasto. Sii consapevole delle tue azioni e considera gli sforzi del tuo ospite nel preparare il cibo.

(4) Per mantenere un'atmosfera armoniosa, è importante evitare qualsiasi azione che possa disturbare l'ambiente positivo o creare tensioni durante il pasto.

(5) Trova un equilibrio: cerca di trovare un compromesso tra prenderti cura delle tue necessità personali ed essere consapevole del contesto sociale.

CAPITOLO 5 — RUOLI E DOVERI SOCIALI

Le conseguenze di assumere ruoli irraggiungibili

37. Se assumi un ruolo che va al di là delle tue capacità, non solo ti metterai in imbarazzo in quel ruolo, ma trascurerai anche il ruolo in cui avresti potuto avere successo.

Dalla lezione...

Scegli i ruoli che si allineano alle tue abilità per evitare imbarazzi e massimizzare il tuo potenziale di successo.

All'azione!

(1) Prima di accettare un ruolo, è fondamentale valutare sia le proprie capacità che i propri limiti. Prenditi il tempo per valutare le tue competenze, conoscenze ed esperienze al fine di determinare se hai la capacità di assolvere alle responsabilità che accompagnano tale ruolo.

(2) Cerca pareri e consigli da individui fidati o mentori che possano offrire prospettive obiettive sulle tue abilità, tenendo conto delle loro opinioni e considerando i loro suggerimenti prima di impegnarti in un ruolo.

(3) Concentrati sui tuoi punti di forza e identifica i ruoli che si allineano con il tuo set di competenze. Selezionando posizioni che rientrano nelle tue capacità, sarai in grado di eccellere e apportare un contributo significativo.

(4) Sviluppa e potenzia le tue competenze per prepararti a ruoli che potrebbero richiedere abilità aggiuntive. Segui corsi, partecipa a workshop o cerca attivamente opportunità di crescita professionale per ampliare le tue capacità.

(5) Per eccellere in tutti i tuoi ruoli senza trascurare nessuno di essi, è importante dare priorità ai tuoi impegni ed evitare di assumere troppe responsabilità contemporaneamente. Gestendo in modo efficace il tuo carico di lavoro, puoi dedicare il tempo e lo sforzo necessari a ciascun compito.

(6) Valuta costantemente le tue prestazioni nei ruoli che hai assunto. Valuta regolarmente se stai soddisfacendo le aspettative e ottenendo risultati soddisfacenti. Se ti trovi in difficoltà o non sei in grado di agire in modo efficace, prendi in considerazione di rivalutare i tuoi impegni.

(7) Sii aperto alla delega e alla collaborazione. Se ti rendi conto che un particolare ruolo è al di là delle tue capacità o che potresti non essere in grado di dare il massimo, considera di delegare determinati compiti o cercare supporto da parte di altre persone più adatte alle responsabilità.

(8) È importante comunicare in modo aperto e sincero con le persone coinvolte nei ruoli che hai assunto. Se ti trovi in difficoltà o hai bisogno di prenderti una pausa, è fondamentale avviare una conversazione con le parti interessate per discutere possibili soluzioni o alternative.

(9) Impara da ogni tentativo infruttuoso di assumere ruoli al di là delle tue capacità. Rifletti sull'esperienza, individua le aree in cui potresti essere stato carente e utilizza tali conoscenze per prendere decisioni migliori in futuro.

(10) Abbraccia l'autocoscienza e l'umiltà, riconoscendo e accettando le tue limitazioni. È importante tenere presente che non ogni ruolo sarà adatto a te. Rimanendo realistici e con i piedi per terra, puoi assicurarti di concentrare i tuoi sforzi su ruoli in cui hai la maggior probabilità di successo.

Proteggere la tua Guida Interiore: La Chiave per il Benessere e la Navigazione Sicura

38. Proprio come sei cauto nel non calpestare un chiodo o fare una distorsione alla caviglia mentre cammini, è altrettanto importante essere consapevoli di proteggere la tua guida interiore. Seguendo questo principio in ogni azione, migliorerai il tuo benessere complessivo e ti proteggerai da problemi inutili.

Dalla lezione...

Proteggi la tua guida interiore e migliora il tuo benessere praticando la consapevolezza in ogni azione.

All'azione!

(1) Prendi attenzione alla tua intuizione. Pratica il sintonizzarti con la tua guida interiore e confida nei sentimenti o negli istinti che si manifestano in diverse situazioni.

(2) Rifletti sulle tue decisioni: prima di agire, fermati per un attimo e prendi in considerazione se siano coerenti con la tua guida interiore e i tuoi valori.

(3) Stabilisci dei limiti: Impara a dire di no a cose che non sono in linea con la tua guida interiore e dai priorità alle attività e alle relazioni che promuovono il tuo benessere.

(4) Pratica la cura di te stesso: assicurati di prenderti del tempo per prenderti cura di te stesso fisicamente, mentalmente, emotivamente e spiritualmente. Ciò potrebbe richiedere l'impegno in attività come l'esercizio, la meditazione, l'inserimento nel diario o l'immersione nella natura.

(5) Circondati di influenze positive: Valuta le persone e gli ambienti con cui interagisci regolarmente e cerca di circondarti di individui che ti sollevano e ti ispirano.

(6) Crea un punto di riferimento per cercare la solitudine: pianifica regolarmente del tempo per te stesso per riflettere, ricaricarti e connetterti con la tua guida interiore. Puoi ottenere questo attraverso attività come fare passeggiate in solitudine, praticare la meditazione silenziosa o creare uno spazio tranquillo designato a casa.

(7) Fidati del tuo giudizio: abbi fiducia nelle tue capacità di prendere decisioni ponderate, basate sulla tua guida interiore, anche se divergono dalle opinioni o dalle aspettative degli altri.

(8) Pratica la consapevolezza: Coltiva la consapevolezza del momento presente e porta attenzione consapevole ai tuoi pensieri, sentimenti e azioni. Questo può aiutarti a rimanere connesso alla tua guida interiore e a fare scelte che si allineano al tuo benessere.

(9) Imparare dalle esperienze passate: Rifletti su situazioni passate in cui hai seguito o ignorato la tua guida interiore. Utilizza queste esperienze come preziose opportunità di apprendimento per perfezionare la tua abilità di fidarti e proteggere la tua guida interiore in futuro.

(10) Se trovi difficile connetterti con la tua guida interiore o proteggerla, considera di cercare supporto e consigli da un amico di fiducia, un mentore o uno psicoterapeuta che possa offrire preziosi suggerimenti e sostegno.

CAPITOLO 5 — RUOLI E DOVERI SOCIALI

Posizioni Proporzionali: Mantenere l'Equilibrio ed Evitare l'Eccesso

39. Ogni persona dovrebbe possedere oggetti proporzionati al proprio corpo, proprio come la misura di una scarpa viene determinata dalla dimensione del piede. Seguendo questo principio si garantisce di avere il giusto numero di oggetti. Tuttavia, se si supera questa misura, ci si troverà senza dubbio di fronte a difficoltà e si sperimenterà una caduta metaforica. Lo stesso concetto si applica alle scarpe: se la misura della scarpa è troppo grande, si può iniziar con delle scarpe eleganti, ma si finirà inevitabilmente con delle scarpe stravaganti, senza fine in vista, una volta superata la dimensione appropriata.

Dalla lezione...

Assicurati che i tuoi effetti personali siano adatti alla tua corporatura; in caso contrario, affronterai le conseguenze di un'eccessiva indulgenza.

All'azione!

(1) Valuta la proporzione tra le dimensioni del tuo corpo e le tue proprietà. Effettua un inventario dei tuoi beni e valuta se sono in linea con le tue esigenze e il tuo stile di vita, considerando aspetti come spazio, funzionalità e praticità.

(2) Identifica eventuali beni che superano la proporzione appropriata. Cerca oggetti che non hanno uno scopo pratico o che vengono utilizzati solo occasionalmente. Valuta la possibilità di ridimensionare o liberarti di questi oggetti in eccesso che occupano spazio e risorse preziose.

(3) Quando fai nuovi acquisti, dai priorità alla funzionalità e alla praticità anziché all'eccesso e all'estravaganza. Assicurati che i nuovi oggetti che acquisisci abbiano uno scopo e si adattino alle tue necessità, invece di lasciarti sedurre da lussi o simboli di status superflui.

(4) Per mantenere una collezione equilibrata e proporzionata, è importante fare regolarmente una pulizia dei propri beni. Pianifica sessioni di pulizia durante l'anno per rivalutare periodicamente i tuoi oggetti ed eliminare eventuali elementi superflui.

(5) Pratica un consumo consapevole ed evita l'accumulo eccessivo. Invece di cercare costantemente di acquisire più beni, concentra la tua attenzione nell'investire in oggetti di qualità che possano realmente migliorare la tua vita e soddisfare le tue esigenze nella giusta proporzione.

(6) Quando si tratta di possedimenti, considera le opzioni sostenibili. Cerca prodotti e materiali ecologici che abbiano un impatto minore sull'ambiente. Scegli articoli durevoli che dureranno più a lungo, così da ridurre la necessità di frequenti sostituzioni o aggiornamenti.

(7) Ricorda che i beni materiali non definiscono il tuo valore o il tuo successo. Evita di cadere nella trappola di acquisire sempre di più nel tentativo di trovare felicità o conferma. Invece, concentrati sulle esperienze, le relazioni e la crescita personale come vere fonti di realizzazione.

(8) Condividi e riutilizza oggetti quando possibile. Invece di accumulare oggetti non più necessari, considera di donarli o venderli ad altre persone che potrebbero trarne beneficio. Cerca occasioni per riutilizzare o riciclare materiali al fine di ridurre gli sprechi e contribuire a uno stile di vita più sostenibile.

(9) Educati sul minimalismo e sulla vita intenzionale imparando dalle risorse e dalle guide disponibili. Scopri come prosperare con meno oggetti, dando priorità alla qualità piuttosto che alla quantità. Traghetta ispirazione da persone che hanno abbracciato completamente lo stile di vita minimalista e adatta i loro principi ai tuoi beni personali.

(10) Rifletti regolarmente sull'impatto che i tuoi possedimenti hanno sulla tua vita. Prenditi dei momenti per valutare se i tuoi beni ti stanno davvero portando gioia, soddisfazione e comodità o se stanno diventando un peso e ostacolando il tuo benessere generale. Adatta, di conseguenza, per mantenere una relazione sana e proporzionata con i tuoi beni.

CAPITOLO 6

— FORZA MENTALE E AZIONI ADEGUATE

In questo capitolo, Epitteto offre consigli illuminanti su come prendere le giuste decisioni nella nostra vita. Egli mette in guardia contro l'agire sulla base di desideri impulsivi, sottolinea l'importanza dell'equilibrio e fornisce orientamenti sul nostro comportamento riguardo alla sessualità e all'evitare gli eccessi. Secondo Epitteto, è cruciale per noi agire in modo intenzionale e moderato, garantendo che i nostri valori fondamentali si allineino con il flusso naturale delle cose. Facendo ciò, possiamo sperimentare una reale libertà interiore.

Valorizzare le giovani donne: andare oltre l'apparenza

40. Appena le ragazze compiono quattordici anni, spesso vengono chiamate "signorine" dagli uomini. Di conseguenza, si rendono conto che il loro valore è in gran parte determinato dalle loro relazioni con gli uomini. Iniziano, quindi, ad attribuire un'importanza significativa al loro aspetto, sperando che ciò procuri loro conferme e riconoscimenti. È fondamentale far loro capire che meritano rispetto non solo per il loro aspetto fisico, ma anche per la loro umiltà e autostima.

CAPITOLO 6 — FORZA MENTALE E AZIONI ADEGUATE

> **Dalla lezione...**
>
> Valorizza le donne ricordando loro che il loro valore non si basa solamente sull'aspetto fisico, ma anche sull'intelligenza, la forza e l'autostima.

> **All'azione!**

(1) Educare le giovani donne sull'importanza di apprezzarsi al di là dell'aspetto fisico è fondamentale. È essenziale progettare programmi o workshop che pongano l'accento sullo sviluppo dell'autostima, del proprio valore e sulla coltivazione di altre abilità e talenti che vanno oltre la semplice bellezza esteriore.

(2) Incentivare una vasta gamma di modelli di ruolo promuovendo la visibilità di donne di successo in vari settori, sottolineando i loro risultati, intelligenza e carattere anziché concentrarsi esclusivamente sugli attributi fisici.

(3) Promuovi un ambiente di sostegno creando spazi sicuri in cui le giovani donne possano discutere apertamente delle loro insicurezze, sfide e delle pressioni sociali che potrebbero affrontare. Offri servizi di consulenza o gruppi di supporto mirati ad aiutarle a sviluppare meccanismi sani per affrontare le difficoltà e coltivare un'immagine positiva del proprio corpo.

(4) Insegnare le competenze di pensiero critico: fornire materiali educativi e workshop per aiutare le giovani donne a sviluppare la loro capacità di interrogare e mettere in discussione le norme e le aspettative sociali a cui sono sottoposte. Incoraggiarle a pensare criticamente ai messaggi che ricevono dai media, dalla società e persino dai propri coetanei.

(5) Promuovi l'espressione di sé e l'individualità, incoraggiando le giovani donne a esplorare i loro interessi e hobby al di là dei tradizionali ruoli di genere. Offri opportunità di partecipare ad attività che permettano loro di esprimere le proprie identità uniche e le proprie forze personali.

(6) Coinvolgere gli uomini nella conversazione: educare ragazzi e uomini sull'importanza di rispettare le donne per qualcosa di più che solo l'aspetto esteriore. Incoraggiare dialoghi aperti sulla parità di genere e sfidare stereotipi e aspettative dannose.

(7) Fornire opportunità di tutoraggio creando programmi in cui le donne di successo possono guidare e ispirare le giovani donne a perseguire i propri obiettivi. Mettere in evidenza l'importanza della crescita personale, dei risultati e dell'autostima all'interno di questi programmi.

(8) Collabora con scuole e sistemi educativi: lavora con le scuole per integrare programmi completi di educazione sessuale che mettano l'accento su relazioni sane, consenso e autostima. Inoltre, fornisce formazione agli insegnanti su come affrontare gli stereotipi di genere dannosi e promuovere un trattamento equo tra gli studenti.

(9) Diventa un sostenitore dell'alfabetizzazione mediatica incoraggiando i mezzi di comunicazione a rappresentare le donne in modo diversificato ed emancipato. Ciò implica promuovere immagini realistiche del corpo femminile e mettere in risalto i loro successi, anziché concentrarsi esclusivamente sull'aspetto esteriore. Inoltre, è fondamentale sostenere iniziative che sfidano l'oggettivazione e promuovono una rappresentazione positiva delle donne.

(10) Incoraggiare il coinvolgimento della comunità: promuovere opportunità per le giovani donne di partecipare al servizio alla comunità, alla difesa dei diritti e ai ruoli di leadership. Ciò aiuterà a costruire la loro fiducia, consentendo loro di avere un impatto tangibile e ribadendo l'idea che il loro valore va oltre l'aspetto fisico.

Equilibrio tra benessere fisico e mentale

41. È un segno di mancanza di talento concentrarsi eccessivamente sul proprio aspetto fisico, come dedicarsi ad allenamenti eccessivi, mangiare troppo, bere in modo pesante o trascorrere troppo tempo in bagno. Queste attività dovrebbero avere solo un ruolo secondario nella tua vita, mentre la tua principale priorità dovrebbe essere lo sviluppo della mente e dell'intelletto.

Dalla lezione...

Fai dello sviluppo della tua mente e dell'intelletto la tua principale priorità, piuttosto che lasciarti consumare da attività fisiche e abitudini poco sane.

CAPITOLO 6 — FORZA MENTALE E AZIONI ADEGUATE

All'azione!

(1) Fai dell'esercizio mentale una priorità dedicando del tempo ogni giorno ad attività come la lettura, la risoluzione di puzzle o l'interazione in conversazioni stimolanti. Queste attività ti aiuteranno a sviluppare la mente e l'intelletto.

(2) Creare una routine di allenamento equilibrata: invece di esagerare con allenamenti eccessivi, cerca di ottenere una routine di esercizi moderata e costante che includa sia l'esercizio cardiovascolare che l'allenamento della forza.

(3) Pratica un'alimentazione consapevole: evita di mangiare troppo, mantenendo consapevolezza delle dimensioni delle porzioni e prestando attenzione ai segnali di fame e sazietà del tuo corpo. Fai della nutrizione del tuo corpo con cibi salutari il tuo obiettivo principale.

(4) Limita il consumo di alcol: Pratica la moderazione quando si tratta di bere alcolici, scegliendo di concederti solo durante occasioni sociali o eventi straordinari anziché impegnarti in un consumo eccessivo regolare.

(5) Organizza il tuo tempo in modo efficiente: Riduci al minimo il tempo inutile trascorso in bagno assicurandoti di avere regolarmente evacuazioni intestinali grazie a una dieta equilibrata, un'adeguata idratazione e il mantenimento di uno stile di vita sano.

(6) Per potenziare la crescita personale, fai della formazione personale una priorità, investendo tempo nello sviluppo personale. Ciò può essere ottenuto attraverso l'innesto di attività come la lettura di libri di auto-aiuto, la partecipazione a workshop o seminari oppure l'acquisizione di nuove competenze.

(7) Coltiva abitudini salutari incorporando pratiche di consapevolezza, come la meditazione o la scrittura di un diario, per aumentare la consapevolezza di sé e mantenere un approccio equilibrato alla vita.

(8) Per trovare stimolazioni intellettuali, partecipa ad attività come unirti a club del libro, partecipare a conferenze o prendere parte a discussioni di gruppo. Questi interessi ti aiuteranno ad ampliare le tue conoscenze e migliorare le tue abilità di pensiero critico.

(9) Impegnati in una riflessione regolare su te stesso per garantire che le tue azioni siano allineate con i tuoi valori, obiettivi e aspirazioni, promuovendo la crescita personale e lo sviluppo intellettuale.

(10) Bilancia il benessere fisico e mentale riconoscendo che sia la salute fisica che la crescita mentale e intellettuale sono altrettanto importanti. Questo approccio olistico al miglioramento personale assicura che tu dedichi pari attenzione a entrambi gli aspetti del tuo benessere.

Navigare le Interazioni Negative: Comprendere le Prospettive Altrui

42. Quando qualcuno ti maltratta o dice cose negative su di te, ricorda che lo fanno perché credono che sia il loro dovere. Dal loro punto di vista, non possono allinearsi a ciò che tu credi sia giusto, ma a ciò che loro credono sia giusto. Ciò significa che, se hanno una comprensione distorta delle cose, in realtà si stanno ingannando. Quindi, quando qualcuno ti insulta, cerca di comprendere. Ricordati semplicemente che vedono le cose in modo diverso.

Dalla lezione...

Non lasciare che parole negative e maltrattamenti altrui determinino il tuo valore o minino la tua comprensione. Tieni presente che la loro prospettiva è intrinsecamente limitata e imperfetta. Pertanto, sforzati costantemente di mantenere compassione e rimanere autentico/a con te stesso/a.

All'azione!

(1) Pratica l'empatia: invece di reagire con rabbia o rancore quando qualcuno ti maltratta o insulta, cerca di metterti nei loro panni e di capire la loro prospettiva. Ricorda che potrebbero agire in base alle loro convinzioni e valori personali.

(2) Evita di prenderla personalmente. Invece di interiorizzare commenti negativi o maltrattamenti, ricorda che riguardano più la percezione e le convinzioni dell'altra persona, piuttosto che essere un riflesso del tuo valore o delle tue capacità.

(3) Concentrati sull'autoriflessione: utilizza queste esperienze come opportunità per la crescita personale e l'autosviluppo. Valuta se ci sia validità nelle critiche o nei commenti negativi e focalizzati sugli aspetti che potresti dover sviluppare.

(4) Aumenta la fiducia in te stesso, ricordati sempre del tuo valore e dei tuoi principi. È importante sviluppare un forte senso di sicurezza in te stesso, così da non permettere che commenti negativi o ingiustizie da parte degli altri influiscano negativamente sulla tua autostima.

(5) Scegli le tue battaglie saggiamente: non ogni insulto o commento negativo richiede una risposta o una reazione. Impara a discernere quando è necessario affrontare il problema e quando è meglio lasciarlo semplicemente andare.

(6) Cerca supporto: Circondati di una rete di amici, familiari o mentori che possano fornirti incoraggiamento e aiutarti a superare situazioni difficili. Condividi le tue esperienze con loro e chiedi consigli su come affrontare tali situazioni in modo positivo.

(7) Pratica il perdono: comprendi che le persone possono commettere errori e agire in base alle loro mancanze. Sforzati di perdonare e lascia andare qualsiasi rancore o risentimento che potresti avere nei confronti di coloro che ti maltrattano o ti insultano.

(8) Educare e comunicare: Se appropriato, impegnarsi in una conversazione calma e rispettosa per aiutare l'altra persona a comprendere il tuo punto di vista e a sfidare le sue convinzioni distorte. Questo approccio può potenzialmente portare a una migliore comprensione e risoluzione di eventuali conflitti.

(9) Stabilisci dei limiti: se il maltrattamento o gli insulti diventano ricorrenti o abusivi, è fondamentale stabilire dei confini chiari e dare priorità al tuo benessere. Determina ciò a cui non sei disposto a tollerare e comunica in modo sicuro questi limiti all'altra persona.

(10) Pratica l'autocura: Svolgi attività che favoriscono il tuo benessere emotivo e mentale. Ciò può includere fare esercizio fisico, praticare la consapevolezza o la meditazione, coltivare hobby o cercare aiuto professionale se necessario. Prenderti cura di te stesso ti permetterà di costruire resilienza e affrontare efficacemente qualsiasi esperienza negativa.

CAPITOLO 6 — FORZA MENTALE E AZIONI ADEGUATE

> **Affrontare i conflitti con compassione: Gestione delle situazioni difficili in famiglia**

43. Ogni situazione può essere affrontata in due modi: uno che è utile e uno che non lo è. Quando tuo fratello ti tratta male, è importante non concentrarsi solo sull'atto sbagliato in sé, poiché non è il modo più efficace per gestire la situazione. Invece, cerca di considerare il fatto che lui è tuo fratello, qualcuno con cui sei cresciuto. Adottando questo approccio, affronterai la questione nel modo in cui dovrebbe essere gestita.

Dalla lezione...

Concentrati sugli aspetti positivi del tuo rapporto e affronta i conflitti con tuo fratello con gentilezza e comprensione.

All'azione!

(1) Riconosci che ogni situazione può essere affrontata in due modi: in modo utile e in modo non utile.
(2) Quando si è di fronte a un trattamento ingiusto da parte del proprio fratello, è meglio evitare di concentrarsi esclusivamente sull'atto sbagliato in sé.
(3) Prendi in considerazione la relazione e la storia che hai con tuo fratello, riconoscendo il fatto che siete cresciuti insieme.
(4) Avvicinati alla situazione con l'intenzione di gestirla correttamente.
(5) Cambia la tua mentalità concentrandoti nel trovare una soluzione o una risoluzione anziché focalizzarti sugli aspetti negativi di un trattamento ingiusto.
(6) Per mantenere una relazione sana con tuo fratello, è fondamentale avere una comunicazione aperta. Ciò ti permette di acquisire una comprensione della sua prospettiva e risolvere efficacemente eventuali malintesi che possono sorgere.
(7) Pratica l'empatia e cerca di vedere la situazione dal punto di vista di tuo fratello, tenendo in considerazione eventuali motivi nascosti per le sue azioni.
(8) La chiave è cercare un terreno comune e lavorare attivamente per ricostruire una relazione positiva con tuo fratello.

(9) Impegnati in conversazioni costruttive o nella mediazione per affrontare eventuali conflitti o problemi tra te e tuo fratello.
(10) Se il maltrattamento continua o peggiora, potrebbe essere utile considerare di cercare aiuto o consulenza professionale, come ad esempio la consulenza familiare.

Comprendere le dichiarazioni: Andare oltre le superficiali comparazioni

44. Alcune dichiarazioni semplicemente non hanno senso. Ad esempio, sostenere "ho più soldi di te, quindi sono superiore" o "parlo meglio di te, quindi sono migliore di te". Queste affermazioni semplicemente non sono veritiere. Tuttavia, ha più senso dire "ho più soldi di te, quindi le mie proprietà sono di qualità superiore alle tue" o "parlo meglio di te, quindi il mio modo di esprimermi è più raffinato". Ma ecco il trucco: non sei definito dai tuoi averi o dal tuo modo di parlare. Sei molto di più di quello.

Dalla lezione...

Non misurare il tuo valore confrontando i possedimenti o le abilità, perché tu sei più di quello che hai e di come parli.

All'azione!

(1) Prenditi un momento per riflettere sulle dichiarazioni che fai su te stesso e sugli altri. Sono principalmente incentrate sui beni materiali o sulle qualità superficiali? Cerca di riorientare la tua attenzione verso aspetti più significativi della tua identità.
(2) Mettere in discussione l'idea che avere più denaro o capacità di parlare meglio faccia automaticamente di qualcuno una persona superiore, significa riconoscere e apprezzare la diversità nelle abilità, qualità e punti di forza che gli individui possiedono.
(3) Dare enfasi al valore della crescita personale e dello sviluppo, cercare attivamente opportunità per migliorare le proprie capacità, conoscenze e comprensione e concentrarsi sulla propria crescita invece di confrontarsi con gli altri.
(4) Promuovi l'empatia e la comprensione abbracciando il concetto che ogni individuo è poliedrico e non può essere facilmente caratterizzato esclusivamente basandosi sulle possessioni materiali o sulle abilità di comunicazione.

CAPITOLO 6 — FORZA MENTALE E AZIONI ADEGUATE

(5) Impegnati in un'autoriflessione per identificare e coltivare le qualità e le caratteristiche che rivestono un'importanza significativa per te. Concentrati sullo sviluppo personale e sul desiderio di diventare la migliore versione di te stesso, invece di confrontarti costantemente con gli altri.

(6) Incoraggia e apprezza le uniche forze e qualità negli altri, riconoscendo che il loro valore non è determinato esclusivamente dalla ricchezza materiale o dalle capacità linguistiche.

(7) Pratica una comunicazione consapevole, invece di inserirti in una classifica o confrontarti con gli altri, cerca di connetterti e comprendere diverse prospettive, promuovendo un dialogo più inclusivo e compassionevole.

(8) Impegnati in attività e coltiva relazioni che favoriscano la crescita personale, l'empatia e l'autenticità. Circondati di persone che apprezzino sinceramente e valorizzino ciò che sei veramente, andando oltre i semplici segni superficiali di successo.

Comprendere le motivazioni: L'importanza di evitare il giudizio

45. Se qualcuno si affretta nella propria routine di bagno, non giudicarlo come se fosse incapace, ma piuttosto riconoscere la sua fretta. Allo stesso modo, se qualcuno apprezza molto il vino, non etichettarlo come un bevitore negativo, ma piuttosto riconoscere la sua preferenza per l'indulgenza. Prima di emettere giudizi, è importante considerare le motivazioni che si celano dietro le loro azioni. Come si può stabilire se qualcosa è veramente negativo senza comprendere il loro ragionamento? Mantenendo la mente aperta e considerando diverse prospettive, si può evitare di essere influenzati semplicemente dalle apparenze e prendere decisioni più informate.

Dalla lezione...

Prima di trarre qualsiasi giudizio, è importante riconoscere le motivazioni individuali e considerare attentamente le diverse prospettive.

All'azione!

(1) Non trarre conclusioni affrettate sulle persone basandoti esclusivamente sulle loro azioni o comportamenti.

(2) Riconosci che l'entusiasmo o l'ardore di qualcuno può essere la forza trainante delle loro azioni, piuttosto che indicare incompetenza o mancanza di abilità.
(3) Riconoscere e rispettare le preferenze e le passioni degli altri individui, come ad esempio apprezzare molto il vino, senza etichettarli come "sbagliati" nel farlo.
(4) Prenditi il tempo necessario per capire le motivazioni e le ragioni che si celano dietro alle azioni di qualcuno, prima di trarre qualsiasi giudizio.
(5) Per evitare di essere influenzati unicamente dalle apparenze o da osservazioni superficiali, è fondamentale mantenere una mente aperta ed essere disposti a considerare diverse prospettive.
(6) Prendi decisioni più consapevoli acquisendo una comprensione più profonda delle prospettive e delle azioni degli altri.
(7) Evita di fare supposizioni sulle abilità o competenze di qualcuno senza comprendere approfonditamente le loro ragioni e motivazioni.
(8) Promuovi l'empatia e la comprensione coltivando la curiosità e ponendo domande per acquisire una visione più approfondita sulle azioni e le preferenze degli altri.

Incarna i principi filosofici attraverso le azioni

46. Non etichettarti mai come un filosofo ed evita di discutere le tue convinzioni filosofiche con persone non esperte. Piuttosto, incarna i principi che ti sono cari attraverso le tue azioni. Ad esempio, durante un incontro sociale, evita di dare lezioni su come le persone dovrebbero mangiare; limitati a mangiare con rispetto. Segui l'esempio di Socrate, che era così umile che le persone lo cercavano per incontrare filosofi e cerca di evitare di cercare attenzione. Se tra persone non esperte si sviluppa una conversazione sulla filosofia, è meglio stare in silenzio. C'è il rischio di esprimere idee non completamente analizzate. Quando qualcuno ti dice che non sai niente e ciò non ti infastidisce, prendilo come un segno che stai seguendo la giusta strada nei tuoi sforzi. Proprio come le pecore non portano il loro cibo ai pastori per dimostrare quanto hanno mangiato, ma invece lo digeriscono e producono lana e latte, devi evitare di ostentare le tue convinzioni filosofiche con persone non esperte.

Lascia che loro invece siano testimoni dei risultati tangibili che derivano dai tuoi principi ben elaborati.

> **Dalla lezione...**
>
> Incorpora i tuoi principi filosofici attraverso le tue azioni, evita di cercare attenzione, mantieniti umile, pensa prima di parlare e lascia che i tuoi risultati tangibili parlino da soli.

> **All'azione!**

(1) Non etichettarti come filosofo.
(2) È consigliabile evitare di impegnarsi in discussioni sulle proprie convinzioni filosofiche con persone che non sono esperte nel campo.
(3) Vivi i tuoi principi attraverso le tue azioni.
(4) Pratica un'alimentazione rispettosa durante gli incontri sociali senza dare lezioni agli altri.
(5) Sforzati di essere umile, tanto quanto Socrate, ed evita la ricerca di attenzione.
(6) È consigliabile rimanere in silenzio durante le conversazioni sulla filosofia con persone non esperte.
(7) Fai attenzione a lanciare impulsivamente idee senza pensarci.
(8) Prendilo come un segnale positivo quando qualcuno ti dice che non sai nulla.
(9) Evita di esporre le tue convinzioni filosofiche a persone non esperte.
(10) Permetti agli altri di assistere ai tangibili risultati che derivano dai tuoi principi ben interiorizzati.

> **Abbracciare la semplicità: il potere della discrezione nella cura di sé**

47. Una volta che ti sei adattato a uno stile di vita semplice per quanto riguarda la cura dei tuoi bisogni fisici, non c'è bisogno di vantarne. Allo stesso modo, se preferisci bere acqua rispetto ad altre bevande, non c'è bisogno di annunciarlo a ogni occasione. E se stai cercando di migliorare la tua resistenza fisica, fallo per te stesso anziché per gli altri. Non c'è bisogno di mettersi in mostra abbracciando statue o facendo uno spettacolo di te stesso. Invece, prova un comportamento discreto: quando hai davvero sete, prendi un sorso di acqua fredda e sputala discretamente senza attirare l'attenzione su di te.

CAPITOLO 6 — FORZA MENTALE E AZIONI ADEGUATE

> **Dalla lezione...**
>
> Adotta uno stile di vita semplice, evita di vantarti, conserva per te le tue abitudini salutari e cerca il miglioramento personale senza cercare conferme dagli altri.

> **All'azione!**
>
> (1) Quando si tratta di prendersi cura delle esigenze del proprio corpo, cerca di adattarti a uno stile di vita più semplice.
> (2) Non vantarti del tuo stile di vita adattato.
> (3) Scegli di bere dell'acqua piuttosto che altre bevande.
> (4) Cerca di evitare di proclamare costantemente la tua preferenza per l'acqua in ogni situazione.
> (5) Concentrati sul miglioramento della tua resistenza fisica per soddisfazione personale, piuttosto che per essere notato dagli altri.
> (6) Non cercare di impressionare gli altri abbracciando statue o attirando inutilmente l'attenzione su di te.
> (7) Partecipa agli esercizi discreti.
> (8) Se ti senti davvero assetato, vai avanti e prendi un sorso rinfrescante di acqua fredda.
> (9) Sputa silenziosamente l'acqua senza attirare l'attenzione su di te.

Ricerca del Progresso: Assumere la Responsabilità e Liberarsi dalle Influenze Esterne

48. Questo è ciò che significa essere una persona comune: non dipende mai da se stesso per nulla, e cerca invece aiuto da fattori esterni. D'altra parte, un filosofo si assume la piena responsabilità del proprio benessere o della propria rovina.

Ecco alcuni segnali che indicano che qualcuno sta facendo progressi: si astiene dal criticare, lodare, incolpare o trovare difetti negli altri. Non si vanta di sé stesso o agisce come se sapesse tutto. Di fronte agli ostacoli, si prende la responsabilità invece di puntare il dito altrove. Se qualcuno lo complimenta, sorride semplicemente a se stesso e se qualcuno lo critica, non sente il bisogno di difendersi. Naviga con cautela, come qualcuno che si sta riprendendo da una malattia, assicurandosi di non interrompere i progressi fatti. Ha rinunciato a tutti i suoi desideri e si concentra esclusivamente nell'evitare azioni che contraddicono la natura umana e che sono sotto il suo controllo. Si astiene dal prendere decisioni definitive su qualsiasi cosa. Anche se sembra sciocco o ignorante, non è preoccupato delle opinioni degli altri. Fondamentalmente, esercita costantemente cautela nelle sue azioni, trattandosi come il suo peggior nemico.

Dalla lezione...

Prendi piena responsabilità del tuo benessere, evita di dipendere da fattori esterni e agisci con circospezione per fare progressi e raggiungere una vera realizzazione.

All'azione!

(1) Assumi la piena responsabilità del tuo benessere personale o del potenziale declino.
(2) Evita di dipendere da fattori esterni per assistenza o danni e, invece, concentra la tua attenzione sull'autosufficienza.
(3) Evita di criticare, lode, incolpa o trova difetti negli altri.
(4) È importante evitare di vantarsi o comportarsi come se si sapesse tutto.
(5) Quando si affrontano ostacoli, è importante assumersi la responsabilità anziché attribuire la colpa agli altri.
(6) Non c'è bisogno che tu ti senta obbligato di difenderti quando qualcuno ti critica.
(7) Quando qualcuno ti fa un complimento, tutto quello che devi fare è semplicemente sorridere a te stesso.
(8) Muoviti cautamente, come se ti stessi riprendendo da una malattia, per evitare di disturbare il progresso.
(9) Liberati dai desideri e concentrati nell'evitare azioni contrarie alla natura umana e che ricadono sotto la tua autorità.
(10) Non affrettarti a prendere decisioni difficili su qualsiasi cosa.
(11) Non farti influenzare dalle opinioni degli altri, anche se potresti sembrare sciocco o ignorante.
(12) Stai sempre attento alle tue azioni e consideratí il tuo più grande avversario.

CAPITOLO 6 — FORZA MENTALE E AZIONI ADEGUATE

> **Raggiungere una vera comprensione: Oltre all'interpretazione e all'azione**

49. Quando qualcuno si comporta in modo superiore perché comprende e può spiegare gli scritti di Crisippo, mi ricordo, "Se Crisippo avesse scritto in modo chiaro, questa persona non avrebbe nulla di cui vantarsi".

Ma cosa desidero veramente? Comprendere il mondo naturale e vivere in armonia con esso. Pertanto, cerco qualcuno che possa chiarirmelo e ho sentito dire che Crisippo riesce proprio a farlo. Tuttavia, quando leggo i suoi scritti, faccio fatica a comprenderli. Di conseguenza, cerco qualcuno che possa interpretare Crisippo per me. Fino a questo momento, non c'è motivo di essere orgogliosi. Tuttavia, una volta trovato l'interprete, ciò che conta veramente è mettere in pratica i suoi insegnamenti. Questo è l'unica cosa degna di orgoglio. Se ammiro solo l'atto dell'interpretazione, allora sono diventato un grammatico anziché un filosofo. L'unica differenza è che interpreto Crisippo invece di Omero. Piuttosto che provare un senso di orgoglio, quando qualcuno mi chiede di spiegare Crisippo, mi vergogno se non riesco a dimostrare azioni che si allineano alle sue parole.

> **Dalla lezione...**
>
> Cerca comprensione e saggezza da coloro che possono interpretare e guidarti per vivere in armonia con il mondo naturale.

> *All'azione!*
>
> (1) Sforzati di cercare di comprendere il mondo naturale e di vivere in accordo con esso.
> (2) Cerca qualcuno che possa abilmente illustrare gli insegnamenti di Crisippo.
> (3) Cerca un interprete che possa aiutare a chiarire gli scritti di Crisippo.
> (4) Metti in pratica gli insegnamenti dell'interpretazione nella tua vita.
> (5) Invece di limitarci ad ammirare l'atto di interpretazione, è più vantaggioso indirizzare la nostra attenzione verso l'applicazione pratica degli insegnamenti di Crisippo.

CAPITOLO 6 — FORZA MENTALE E AZIONI ADEGUATE

(6) L'obiettivo è dimostrare azioni che siano coerenti con gli insegnamenti di Crisippo quando si viene interrogati su di esse.

(7) Non sentirti imbarazzato se non riesci a spiegare Chrysippus; invece, concentrati su come i suoi insegnamenti vengono applicati attraverso le tue azioni.

Abbracciare principi indistruttibili e ignorare le opinioni degli altri

50. Attieniti ai tuoi principi come se fossero regole infrangibili, onorando il fatto che andare contro di essi sarebbe una mancanza di rispetto. Tuttavia, non preoccuparti delle opinioni degli altri su di te, poiché alla fine non hai alcun controllo su di esse.

Dalla lezione...

Aggrappati saldamente ai tuoi principi e ignora le opinioni degli altri, poiché i loro pensieri sono al di fuori del tuo controllo.

All'azione!

(1) Identifica i tuoi principi: dedica del tempo a riflettere sui tuoi valori fondamentali e sulle credenze che guidano le tue azioni.

(2) Dai priorità ai tuoi principi: Determina quali principi sono più importanti per te e allineali con i tuoi obiettivi e aspirazioni.

(3) Definisci le tue regole infrangibili: stabilisci chiaramente confini e non negoziabili che siano radicati nei tuoi principi.

(4) Stai impegnato: Ricorda regolarmente i tuoi principi e fai uno sforzo consapevole per attenerti a essi nella tua vita quotidiana.

(5) Sii consapevole di te stesso: rifletti sulle tue azioni e decisioni per assicurarti che siano in linea con i tuoi principi e apporta eventuali adeguamenti necessari, se richiesti.

(6) Abbraccia il dissenso rispettoso. Sebbene sia fondamentale aggrapparsi ai propri principi, mantieniti aperto ad ascoltare diverse prospettive e partecipa a discussioni rispettose.

(7) Concentrati sulla validazione interna: anziché cercare conferme e approvazione dagli altri, confida nella validità dei tuoi principi e valori.

(8) Pratica la resilienza: accetta che non tutti saranno d'accordo con i tuoi principi o li comprenderanno e sviluppa la capacità di resistere per rimanere fedele a essi nonostante le opinioni esterne.

(9) Comunica i tuoi principi, condividendoli con gli altri quando è appropriato, spiegando loro perché sono importanti per te e come influenzano le tue azioni.

(10) Guida con l'esempio: dimostra attraverso le tue azioni e comportamenti come i tuoi principi influenzino positivamente non solo la tua vita, ma anche la vita di coloro che ti circondano.

> **Rivendica il tuo valore e ottieni progressi: Abbraccia il miglioramento personale e vivi con un obiettivo**

51. Quanto tempo continuerai ad aspettare prima di credere nella tua dignità di vivere le cose migliori nella vita, senza oltrepassare alcun limite imposto dalla ragione? Hai già acquisito i principi della filosofia e li hai accettati. Perciò, perché aspetti ancora che qualcun altro ti insegni prima di intraprendere il tuo percorso di crescita personale? Non sei più un bambino, ma un adulto. Se continui a essere pigro e procrastinare, trovando sempre scuse e rimandando il miglioramento di te stesso, non farai alcun progresso. Invece, semplicemente navigherai attraverso la vita senza raggiungere nulla di significativo. Perciò, prendi una decisione adesso, prima che sia troppo tardi, di vivere come un individuo maturo che costantemente aspira al progresso. Fai sì che tutto ciò che credi sia meglio per te diventi un principio guida che non comprometti mai. E quando incontri qualcosa di difficile, piacevole, popolare o impopolare, ricorda che questo è il momento di dimostrare te stesso. È come alle Olimpiadi, e non puoi più rimandare. Il risultato di un singolo giorno e di una singola azione determinerà se farai progressi o no. Guarda come Socrate è diventato la persona che era, affidandosi sempre alla ragione di fronte alle sfide. Anche se non hai ancora raggiunto il livello di Socrate, dovresti comunque vivere come qualcuno che aspira a essere come lui.

> *Dalla lezione...*
>
> Credi nella tua dignità personale, nutri la crescita personale, lotta per il progresso e conti sulla ragione per raggiungere un successo significativo nella vita.

CAPITOLO 6 — FORZA MENTALE E AZIONI ADEGUATE

All'azione!

(1) Credi nel tuo valore personale per ottenere le migliori cose nella vita e stabilisci dei limiti basati sulla ragione.
(2) Prendi responsabilità per il tuo miglioramento personale e inizia a lavorarci su senza aspettare che qualcun altro ti guidi.
(3) Per evitare la pigrizia e la procrastinazione, è importante impegnarsi attivamente nel miglioramento personale ed evitare di trovare scuse.
(4) Prendi consapevolmente la decisione di vivere la tua vita come un individuo maturo che cercherà sempre il progresso.
(5) Fai diventare ciò in cui credi migliore per te, un principio guida che non contraddici mai.
(6) Abbraccia e mettiti alla prova in situazioni difficili ma piacevoli, indipendentemente dal fatto che siano popolari o impopolari, per dimostrare le tue capacità.
(7) Avvicinati a ogni giorno e a ogni azione come a un'opportunità di crescita e sviluppo personale.
(8) Prendi ispirazione da figure come Socrate, che si affidavano alla ragione in ogni situazione che incontravano.
(9) Aspira sempre a migliorare e sforzati di raggiungere livelli più elevati di saggezza e conoscenza, proprio come Socrate.

Vivere secondo i principi filosofici

52. Il primo e più cruciale aspetto della filosofia ruota attorno all'applicazione dei principi nella nostra vita. Ad esempio, un principio fondamentale è quello di non dire mai bugie. La seconda parte riguarda la comprensione delle ragioni sottostanti a questi principi. Quindi, perché mentire è considerato sbagliato? La terza parte ci aiuta a distinguere tra diverse idee e a stabilire la prova. Ci interessiamo di questioni come "Come possiamo accertare la verità? Cosa costituisce un argomento logico? Cosa definisce il giusto e lo sbagliato?" La terza parte è necessaria a causa della seconda, e la seconda è necessaria a causa della prima. Tuttavia, qui sorge un problema: tendiamo eccessivamente a dare priorità alla terza parte e trascurare l'importanza della prima. Investiamo tutto il nostro tempo in dibattiti e argomentazioni, trascurando di vivere realmente

CAPITOLO 6 — FORZA MENTALE E AZIONI ADEGUATE

secondo i principi che affermiamo di mantenere. Questo è il motivo per cui spesso ci troviamo a mentire, ma siamo pronti a inventare argomenti per giustificare perché mentire è inaccettabile.

> **Dalla lezione...**
>
> Applica i principi alla tua vita, comprendi la loro importanza e vivi seguendo tali principi, anziché lasciarti coinvolgere in dibattiti senza fine e giustificazioni.

> **All'azione!**

(1) Applicare i principi alla nostra vita: dedicare del tempo a riflettere sui principi in cui crediamo e metterli in pratica attivamente nella nostra vita quotidiana. Ciò potrebbe comportare un impegno consapevole a non dire mai bugie, come menzionato nel testo.

(2) Comprendere le ragioni dietro ai principi: Dedica del tempo per comprendere le ragioni e le giustificazioni sottostanti ai principi che affermiamo di credere. Ciò potrebbe richiedere una ricerca e una riflessione su perché mentire sia considerato sbagliato.

(3) Per stabilire un quadro di discriminazione tra idee, è importante sviluppare un approccio sistematico per valutare diverse idee e argomentazioni. Ciò potrebbe implicare porre domande critiche, come ad esempio "Come possiamo stabilire che questa affermazione è vera?" e "Quali sono gli elementi di un argomento logico?"

(4) Cerca di raggiungere una coerenza logica cercando di allineare le tue convinzioni e le tue azioni in modo logico e coerente. Potrebbe essere necessario interrogarsi se le tue azioni sono veramente in linea con i principi che dici di credere.

(5) Dai priorità a vivere secondo i tuoi principi: Dedica abbastanza tempo ed energia a vivere in accordo con i tuoi principi, invece di dedicarti solo a dibattiti e discussioni. Evita di trascurare l'applicazione pratica delle tue convinzioni a favore di discussioni intellettuali.

(6) Agisci con integrità: rispetta i nostri principi e sforzati consapevolmente di essere veritiero sia nelle azioni che nelle parole. Evita di cercare scuse o di utilizzare argomenti per giustificare comportamenti che contraddicono i nostri valori, come mentire.

(7) Riflessione regolare: È importante dedicare regolarmente del tempo per riflettere sulle nostre azioni e valutare se esse sono in linea

con i principi che affermiamo di seguire. Questa pratica può aiutare nell'identificazione delle aree in cui è necessario migliorare, promuovendo quindi la crescita personale.

(8) Incentiva l'autocoscienza: Coltivare un forte senso di autocoscienza per riconoscere quando ci stiamo allontanando dai nostri principi o ci stiamo impegnando in comportamenti che contraddicono le nostre convinzioni. Questa pratica può garantire efficacemente coerenza tra le nostre convinzioni e le azioni.

(9) Promuovi un dialogo aperto impegnandoti in conversazioni e discussioni significative che favoriscono la comprensione e la riflessione, anziché concentrarti esclusivamente su argomenti e dibattiti. Incoraggia gli altri a vivere secondo le loro convinzioni e principi.

(10) Pratica l'empatia e la comprensione: sforzati di comprendere diverse prospettive e punti di vista, anche durante dibattiti o discussioni. Ciò può contribuire a coltivare un approccio più compassionevole nell'applicare i principi nelle nostre vite.

Il potere della connessione spirituale e della resilienza

53. In ogni situazione, dovremmo tenere presenti i seguenti pensieri:

"Guidami, o potere superiore e forze che plasmano il mio destino, verso il percorso che è stato stabilito per me molto tempo fa. Resterò impegnato e saldo, anche se la mia determinazione vacilla."

"Se qualcuno accetta e abbraccia l'inevitabile, lo consideriamo saggio e profondamente connesso al regno spirituale."

"Bene, mio caro amico Crito, se gli dei lo ritengono favorevole, così sia."

"Anytus e Meletus possono avere il potere di togliermi la vita, ma non possono danneggiare l'essenza del mio essere."

Dalla lezione...

Rimani impegnato e saldo, abbracciando l'inevitabile e affidandoti a una guida superiore, perché le circostanze esterne possono cambiare, ma l'essenza del tuo essere rimane inalterata.

CAPITOLO 6 — FORZA MENTALE E AZIONI ADEGUATE

> *All'azione!*
>
> (1) Mantieni un forte senso di impegno e costanza, anche quando ti trovi di fronte a una determinazione vacillante.
> (2) Accogli e accetta ciò che è inevitabile, dimostrando saggezza e connessione spirituale.
> (3) Cerca l'indicazione proveniente da una forza superiore e dalle influenze che plasmano il tuo destino.
> (4) Rimani connesso alla tua vera essenza, indipendentemente dalle circostanze esterne o minacce.
> (5) Se gli dei favoriscono un particolare risultato, accettalo volentieri.
> (6) Rimani fedele al tuo cammino e al tuo destino, che è stato stabilito molto tempo fa.

INDICE

abbracciare, 14
abilità, 9, 15, 17, 21, 27, 61, 63, 68, 70, 74, 76
abilità fisiche, 15
abitudini alimentari, 45, 47
accettare, 7, 14, 18, 26, 42, 49, 50, 51, 61
accettazione, 19, 25, 31
accontentare gli altri, 37
accusare, 50
acqua, 10, 77, 78
acquisti, 64
adattabilità, 19
adattarsi, 14, 46
affermazioni, 60, 74
affetto, 5, 6
affrontare, 2, 4, 6, 8, 14, 15, 17, 18, 19, 24, 32, 35, 39, 40, 42, 43, 45, 46, 51, 52, 54, 68, 69, 72, 74
agire, 10, 15, 59, 61, 63, 67, 71, 72
agricoltori, 50
allenamenti, 69, 70
allineare, 84
alternative, 14, 16, 39, 40, 62
altri, 2, 3, 7, 8, 9, 13, 16, 18, 20, 21, 22, 24, 25, 29, 30, 31, 32, 33, 35, 36, 37, 38, 39, 40, 41, 42, 43, 44, 45, 47, 48, 49, 51, 52, 53, 54, 55, 56, 58, 59, 63, 72, 74, 75, 76, 77, 78, 79, 81, 82, 85
ambiente sicuro, 42
ammirazione, 32, 33
ampliare, 22, 61, 70

analizzare, 4, 30
apertamente, 68
apparenze esterne, 29
applicare, 13
apprezzamento, 19, 60
apprezzare, 32, 74, 76
approccio, 6, 7, 25, 31, 59, 70, 71, 72, 73, 84, 85
approccio equilibrato, 32, 70
argomenti, 7, 52, 54, 55, 84, 85
argomenti significativi, 54
argomento logico, 83, 84
armi, 37
arte, 55
aspettative, 14, 20, 24, 61, 63, 68
aspettative irrealistiche, 24
aspetti della tua vita, 15, 28
aspetti positivi, 28, 73
aspetto, 14, 15, 21, 67, 69, 83
aspirazioni, 2, 3, 71, 81
assetato, 78
assistenza, 37, 38, 79
astenersi, 26, 53, 54, 56
astenersi dal vantarsi o fare battute volgari, 54
atteggiamento positivo, 18, 20
attenzione, 8, 9, 10, 19, 21, 24, 27, 29, 31, 36, 45, 55, 56, 57, 60, 62, 63, 65, 70, 71, 74, 76, 77, 79, 80
atti di bontà, 43
attirare l'attenzione, 77, 78
attività, 5, 14, 16, 37, 42, 44, 53, 55, 63, 68, 69, 70, 72, 75

INDICE

attività lecite, 55
attore, 27
autenticità, 15, 22
autentico, 9, 36, 38, 71
autoconsapevolezza, 22
autocontrollo, 17
autostima, 30, 36, 38, 44, 67, 69, 72
avere successo, 17, 61
avversari, 45
avversioni, 13, 50, 51
avversità, 15, 17
avviare conversazioni significative, 32
azione, 60, 62, 82, 83
azioni, 1, 2, 3, 11, 13, 15, 20, 22, 24, 28, 30, 31, 35, 36, 38, 42, 43, 46, 47, 48, 58, 59, 60, 63, 71, 73, 75, 76, 77, 78, 79, 81, 82, 84, 85
azioni necessarie, 28
bagni lussuosi, 37
bagno, 6, 69, 70
bambini, 25
bambino, 10, 18, 26, 45, 82
battaglie, 72
bene, 18, 38
benefico, 28, 37, 59
benessere, 1, 16, 20, 28, 29, 43, 62, 63, 65, 71, 72, 78, 79
benessere emotivo, 72
benessere fisico, 1, 16, 28, 71
benessere mentale, 43
beni, 19, 28, 38, 53, 55, 64, 65, 74
beni materiali, 28, 38, 53, 55, 65, 74
bere acqua, 77
bisogni fisici, 77
breve, 27
bugie, 83, 84
bussola morale, 15, 38, 49
cambiamento di prospettiva, 19, 49
caos, 6
capacità, 16, 17, 18, 19, 23, 28, 30, 35, 38, 44, 46, 47, 58, 61, 62, 63, 68, 71, 74, 75, 81, 83
capire, 2, 21, 40, 48, 49, 67, 71, 76
capitano, 9, 10, 40
carattere, 15, 27, 52, 54, 68

caratteristiche, 75
carico di lavoro, 61
cattivo, 36, 46, 51
cautela, 78
cauto, 26, 29, 62
cedere, 57
cena, 24, 25, 39
cercare aiuto, 72, 74
Cesare, 46
chiaro, 41, 52, 54, 58, 80
cibo, 52, 53, 54, 55, 59, 60, 76
circostanze, 2, 3, 4, 8, 18, 19, 20, 21, 28, 40, 53, 85, 86
circostanze difficili, 28
circostanze esterne, 2, 3, 20, 21, 53, 85, 86
circostanze sfavorevoli, 40
classifica, 75
coerenza logica, 84
coinvolgere, 7, 10, 47, 52, 54, 55, 84
collaborazione, 62
colpa, 2, 3, 7, 19, 79
coltivare, 6, 16, 17, 18, 19, 20, 21, 29, 31, 36, 68, 72, 75, 85
coltivare gratitudine, 19
commercianti, 50
compagno di cena, 59, 60
compassione, 41, 42, 44, 50, 71
competenze, 9, 22, 61, 68, 70, 76
competere, 45, 46
compiti, 10, 16, 17, 18, 35, 39, 62
compito, 6, 7, 17, 21, 35, 45, 46, 61
completamente presente, 57
complimenti, 29
comportamenti, 24, 42, 47, 75, 82, 84, 85
comportamento, 8, 20, 39, 45, 47, 48, 52, 54, 55, 56, 67, 77
comportamento impulsivo, 45
comprendere, 1, 29, 30, 38, 40, 42, 71, 72, 75, 76, 80, 84, 85
comprensione, 8, 16, 22, 32, 36, 41, 42, 47, 71, 72, 73, 74, 76, 80, 83, 85
comprensione distorta, 71
compromesso, 60

INDICE

comunicare, 59, 62, 72
comunicazione, 69, 73, 74, 75
comunicazione aperta, 73
comunicazione consapevole, 75
comunità, 14, 16, 43, 59, 69
concentrarsi, 16, 17, 30, 47, 49, 50, 54, 68, 69, 73, 74
concentrato, 7, 9, 10, 32, 58
concetto, 31, 35, 64, 74
concittadini, 47, 48
conclusione, 10, 18, 55
condividere, 54, 55, 60
condivisione, 42
condizione, 15, 16, 32
condizione umana, 32
confini, 43, 58, 72, 81
confini chiari, 72
conflitti, 72, 73, 74
coniuge, 5, 18, 25, 41
connessione sociale, 59, 60
connessione spirituale, 86
connessioni sociali, 47
conoscenza, 7, 43, 83
consapevole, 32, 60, 63, 70, 81, 84
consapevolezza, 2, 4, 9, 14, 32, 36, 42, 57, 62, 63, 70, 72
conseguenze, 38, 51, 52, 57, 59, 64
consenso, 69
considerare, 6, 28, 36, 38, 40, 45, 46, 57, 60, 73, 74, 75, 76
considerazione, 4, 22, 29, 32, 46, 61, 63, 73
consigli, 9, 14, 38, 49, 51, 52, 61, 63, 67, 72
consumare, 45, 69
consumo consapevole, 65
contemplare, 15, 19, 45
contentezza, 35, 57, 58
contesto sociale, 60
contributi individuali, 38
contributo, 61
controllo, 1, 2, 3, 4, 5, 8, 14, 16, 23, 24, 27, 29, 30, 31, 37, 38, 39, 40, 44, 49, 50, 51, 58, 79, 81
controllo sul risultato, 29
conversazione, 52, 55, 62, 68, 72, 76

conversazioni, 6, 22, 42, 53, 54, 55, 56, 70, 74, 77, 85
conversazioni costruttive, 74
corpi, 1, 17
corsi, 61
cosce, 45
cose che non possiamo controllare, 1, 29
cose negative, 71
costante, 2, 70
costruire resilienza, 44, 72
creare un piano, 58
credenze, 7, 28, 49, 50, 81
credenze personali, 28
credere in, 17
crescita mentale e intellettuale, 71
crescita personale, 3, 7, 8, 9, 14, 21, 36, 38, 44, 53, 54, 65, 69, 70, 71, 74, 75, 82, 85
crescita professionale, 61
critica, 9, 59, 78, 79
critica costruttiva, 9, 59
criticare, 78, 79
critiche, 33, 44, 59, 71, 84
cruciale, 10, 30, 31, 60, 67, 83
cura, 10, 14, 18, 19, 47, 48, 60, 63, 72, 77
curiosità, 76
danni, 30, 42, 47, 48, 50, 79
danno, 7
dare lezioni, 76, 77
dare priorità, 10, 21, 38, 49, 54, 58, 60, 61, 72, 83
dare priorità alle cose essenziali, 54
decisione, 27, 51, 59, 82, 83
decisioni, 1, 21, 22, 24, 25, 59, 63, 67, 76, 81
definito, 74
dei, 7, 8, 9, 19, 20, 24, 26, 30, 42, 43, 47, 49, 50, 51, 52, 53, 54, 55, 56, 63, 64, 65, 68, 69, 72, 77, 81, 83, 85, 86
delega, 62
delusione, 13, 24, 31, 39, 40, 57
deluso, 57
desideri, 1, 2, 3, 4, 5, 13, 14, 20, 23, 24, 28, 31, 32, 35, 39, 45, 47, 50, 51, 67, 78, 79

INDICE

desideri eccessivi, 31
desideri impulsivi, 67
destino, 32, 33, 41, 85, 86
destino dell'umanità, 41
determinazione, 9, 15, 85, 86
devastato, 5
devozione, 49, 50
dialogo aperto, 85
diario, 32, 63, 70
dibattiti, 54, 83, 84, 85
dieta rigorosa, 45
difendere, 6
difendersi, 54, 56, 78
difetti, 2, 7, 23, 24, 79
differenza, 38, 43, 80
difficoltà, 14, 15, 16, 17, 40, 41, 46, 58, 61, 62, 64, 68
difficoltà personali, 41
dilemma, 60
dimensione, 64
dimostrare azioni, 80, 81
Diogene, 25, 26
dipendenti, 19, 20
dire di no, 5, 63
disapprovazione, 54, 56
disciplinato, 45
discussioni, 22, 55, 70, 77, 81, 84, 85
discussioni di gruppo, 70
disordinato, 53
disponibile, 11
disprezzo, 45
dissenso, 81
distacco, 14, 18, 19, 21
distrazione, 56
distrazioni, 10, 58
disturbare, 20, 60, 79
diversità, 74
divinazione, 51, 52
dolci, 45
dolore, 19, 50
dovere, 47, 51, 52, 71
eccellenza, 27
eccellere, 61
educare, 68
educazione, 69
educazione sessuale, 69
emozioni, 23, 30, 31, 32, 43, 44

emozioni negative, 44
empatia, 16, 27, 41, 42
energia, 1, 4, 14, 19, 31, 84
entusiasta, 45
equilibrio, 22, 38, 60
equità, 49
Eraclito, 25, 26
errori, 8, 22, 44, 72
esame, 23, 45
esaminare, 48
esclusivamente, 20, 38, 68, 69, 73, 74, 75, 78, 85
esempi, 26, 38
esistenza, 49
esperienza, 72
esperienze, 16, 22, 26, 30, 32, 45, 57, 59, 61, 63, 65, 71, 72
esperienze negative, 30
esperienze passate, 57, 59, 63
esperti, 9
essenza, 5
essere, 1, 4, 5, 8, 9, 10, 14, 15, 19, 20, 21, 27, 28, 29, 30, 36, 38, 39, 41, 42, 43, 44, 45, 46, 47, 48, 49, 50, 51, 53, 55, 56, 57, 60, 62, 69, 70, 71, 73, 74, 75, 76, 77, 78, 80, 82, 84, 85
esternamente, 46, 47
estranei, 52, 55
Eteocle, 50
etichettare, 50
eventi, 11, 14, 23, 26, 27, 36, 38, 70
eventi di lusso, 38
evitare, 4, 5, 6, 8, 9, 23, 24, 26, 32, 35, 41, 50, 54, 55, 56, 60, 61, 73, 75, 76, 77, 78, 79, 83
fabbro, 37
facilmente caratterizzato, 74
fallimento, 22
fallito, 52
fame, 19, 20, 59, 60
famiglia, 10, 15, 47, 50
familiarità, 43
fascino, 57
fattori esterni, 1, 3, 7, 37, 46, 49, 50, 78, 79
fattoria, 18

favorevole, 28, 85
favorire, 9
fede, 19, 59
fedeltà, 21, 37, 38, 52
feedback, 9, 21, 59
felicità, 2, 3, 20, 29, 32, 35, 55, 65
feste, 52, 55
fiducia, 30, 43, 51, 59, 63, 69, 72
fiducioso, 44
filosofia, 1, 25, 32, 46, 52, 55, 76, 77, 82, 83
filosofia stoica, 1
filosofo, 32, 36, 45, 47, 51, 76, 77, 78, 80
finanze, 25
fisico, 45, 67, 68, 69, 72
flusso naturale, 19, 67
forma, 18, 42
forza, 17, 19, 44, 45, 49, 58, 68, 70, 76, 86
forza emotiva, 44
forze, 68, 75, 85
frustrato, 14
funzionalità, 64
futuro, 62, 63
gelosia, 29, 39, 40
gentilezza, 13, 25, 42, 43, 73
gestire, 6, 13, 23, 31, 44, 53, 54, 73
gioia, 5, 14, 31, 36, 57, 65
giudicante, 53, 55
giudicare, 55
giudizi, 7, 44, 59, 75
giudizio, 7, 26, 52, 58, 59, 63, 75, 76
giuramenti, 52, 54, 55
giustificazioni, 84
giustizia, 42, 49
giusto, 2, 32, 33, 36, 43, 58, 59, 64, 71, 83
gli incidenti accadono, 41
grammatico, 80
gratificazione ritardata, 57, 58
gratitudine, 14, 25, 26, 31
grazia, 19, 24, 25
guida, 51, 62, 63, 82, 83, 85
guida interiore, 62, 63
idee, 59, 76, 77, 83, 84
identificare, 75

identità, 44, 68, 74
ignorante, 7, 8, 79
ignorato, 41, 53, 63
il dovere chiama, 10
imbarazzato, 43, 81
impatto, 4, 13, 16, 22, 65, 69
impatto personale, 4
impatto positivo, 13, 16
impegnarsi, 16, 50, 55, 72, 77, 83
impegnato, 11, 81, 85
impegno, 6, 17, 21, 33, 46, 84
imperfezioni, 24
importante, 1, 2, 3, 4, 6, 10, 11, 16, 17, 21, 23, 25, 26, 29, 30, 33, 35, 36, 38, 39, 40, 41, 42, 44, 45, 46, 47, 48, 49, 53, 54, 56, 58, 60, 61, 62, 64, 72, 73, 75, 79, 83, 84
importanza, 3, 20, 29, 30, 84
impressionare gli altri, 21, 39, 40, 78
incarnare, 25
inclusivo, 16, 75
incolparsi, 7
inconvenienti, 20
incoraggiare, 42
indifferente, 51
individualità, 24
individui, 22, 43, 44, 48, 55, 59, 61, 63, 74, 76
individui fidati, 59, 61
individui tossici, 44
individuo maturo, 82, 83
indulgenza, 64
infastidito, 43
infelicità, 4, 21
influenza, 1, 2
influenzati, 75, 76
influenze esterne, 3, 4, 16, 18, 30, 31, 43
influenze esterne negative, 4
influenze negative, 54
influenze positive, 15, 44, 63
insegnamenti, 13, 26, 80, 81
insicurezze, 30, 68
insoddisfazione, 31, 40
insulti, 30, 43, 44, 72
insulto, 72

integrità, 9, 37, 84
intelligenza, 68
internamente, 36, 46, 47
interpretare, 27, 28, 29, 80
interpretare segni, 29
interpretazione, 26, 30, 80
interprete, 80
intuizione, 62
intuizioni, 22, 32
invidia, 29
irrilevante, 51
irritato, 30
ispirare, 16, 69
ispirazione, 15, 32, 38, 65, 83
istinti, 62
istruttore, 46
lacrime, 26
lana, 76
lasciare andare, 26
latte, 76
lavoro, 8, 25, 43, 45
legami, 29
legato, 10
letteratura, 32, 55
lettura, 70
letture pubbliche, 53, 56
lezione, 52
lezioni, 14, 26, 51
liberare la mente, 28
libertà, 19, 23, 29, 45, 47, 67
libertà interiore, 67
libertà personale, 29
libri di auto-aiuto, 44, 70
limitare, 3, 54, 55
limitazioni, 9, 15, 62
limiti, 3, 58, 61, 63, 72, 83
linguaggio, 53, 54, 56
linguaggio volgare, 53, 54, 56
lodare, 39, 78
lottatore, 45
malattia, 4, 5, 15, 16, 78, 79
male, 2, 20, 30, 42, 43, 47, 48, 53, 56, 73
maltrattamento, 43, 72, 74
mancanza di abilità, 76
mancanza di rispetto, 81
mangiato, 76

mantenere, 6, 13, 15, 16, 17, 20, 26, 30, 31, 37, 38, 46, 47, 48, 49, 54, 55, 56, 60, 64, 65, 70, 71, 73, 76, 84
marinai, 50
matrimonio, 53, 55
maturità emotiva, 54
media, 68
mediazione, 74
meditazione, 14, 32, 44, 63, 70, 72
mendicante, 27
mentalità, 1, 3, 9, 13, 14, 15, 17, 19, 20, 22, 25, 28, 35, 41, 47, 49, 50, 53, 57, 73
mente, 2, 11, 14, 16, 20, 21, 22, 26, 31, 36, 43, 44, 51, 69, 70, 75, 76
mente aperta, 22, 26, 51, 75, 76
mente tranquilla, 20, 21
mentore, 14, 46, 63
meteo, 46
miglioramento personale, 21, 26, 44, 46, 47, 71, 78, 83
migliorare, 9, 16, 17, 23, 29, 59, 65, 70, 74, 77, 83, 85
migliore, 72, 74, 75, 83
minacce, 86
minimalismo, 65
mobilità, 15
moderazione, 70
modo di parlare, 74
momenti difficili, 13, 14, 15
momento, 2, 5, 6, 7, 8, 9, 14, 15, 16, 17, 19, 28, 30, 31, 43, 45, 46, 47, 52, 56, 57, 58, 63, 74, 80, 82
momento per riflettere, 5, 7, 15, 16, 17, 28, 43, 47, 57, 74
momento presente, 14, 19, 31, 63
mondo naturale, 80
morale, 15
mortalità, 24, 32
morte, 4, 5, 7, 31, 32
mostrando, 60
motivazioni, 22, 75, 76
natura, 4, 5, 19, 27, 40, 47, 63, 78, 79
natura esterna, 4
navigare, 13, 22, 31

INDICE

negatività, 44
negativo, 72, 75
negligenza, 20, 50
nemici, 2, 3, 50
non riuscire a raggiungere, 5
notti insonni, 45, 47
nuove esperienze, 14, 25, 26
obbedire, 50
obblighi, 10, 49
obiettivi, 2, 3, 5, 6, 7, 11, 17, 21, 22, 24, 46, 58, 69, 71, 81
obiettivo, 6, 7, 10, 35, 42, 45, 49, 70
offensivo, 53, 55
oggetti, 5, 6, 26, 53, 64, 65
ogni situazione, 28, 73, 78, 83, 85
Olimpiadi, 82
Omero, 80
onestamente, 45
opinioni, 7, 21, 22, 37, 44, 54, 61, 63, 79, 81
opportunità, 9, 14, 25, 26, 61, 63, 68, 69, 71, 74
opzioni sostenibili, 65
organizzazioni, 43
orgoglio, 80
ospite, 60
osservazioni, 76
osservazioni superficiali, 76
ostacolare, 3, 15, 52
ostacoli, 6, 7, 14, 15, 16, 17, 45, 78, 79
pace, 1, 13, 19, 20, 21, 43, 45, 47
pace interiore, 1, 19, 20, 43
padre, 47, 48
paese, 37, 38, 51, 52
parlare, 45, 54, 55, 58, 74, 77
parlare saggiamente, 54
parole, 16, 18, 23, 26, 27, 43, 71, 80, 84
parole negative, 71
passi, 25, 45, 52
pasto, 59, 60
pastori, 76
pausa, 30, 62
pazienza, 16, 17, 25
pecore, 76

pensieri, 1, 22, 23, 30, 31, 32, 36, 43, 44, 63, 81, 85
pensiero critico, 43, 68, 70
percepire, 49
percorso, 6, 9, 10, 11, 16, 17, 38, 46, 47, 82, 85
perdita, 18, 19, 26, 41, 50
perdite, 18, 19, 20
perdono, 44, 72
pericoli, 51, 52
pericolo, 10
permesso, 47, 48
perseguire la filosofia, 33
persona anziana, 10
persona disabile, 27
persona libera, 29
pettegolezzi, 52, 54, 55
piacere, 22, 50, 56, 57, 58
piani, 6, 14
piccole cose, 10, 11
piccole sfide, 20
pietà, 50
pigrizia, 83
pigro, 82
piscina, 6
Polinice, 50
portare, 5, 19, 31, 42, 44, 72
porzione più grande, 59, 60
porzioni, 70
positività, 29, 43
posizione, 1, 32, 42, 43, 45, 56
posizioni prestigiose, 36, 38
possedere, 8, 20, 23, 24, 64
possedimenti, 65, 74
possessioni materiali, 20, 74
potente, 37, 38, 53, 56
potenziale, 6, 22, 26, 43, 56, 61, 79
potere, 1, 5, 16, 24, 25, 26, 29, 31, 50, 51, 56, 85
potere superiore, 85
povertà, 4, 5, 54
pratiche di consapevolezza, 70
precauzioni, 59
preferenza, 75, 78
preferenze, 1, 76
prendere decisioni, 5, 52, 54, 58, 62, 63, 75, 79
prendersi cura, 16, 60, 78

INDICE

preoccupato, 79
preparare, 60
preparato, 2, 32, 45
presagi, 51
presenza del male, 41
pressione, 4, 5
prevenire l'infelicità, 5
prezzo, 20, 39
principi, 6, 13, 15, 16, 22, 32, 33, 38, 47, 59, 65, 72, 76, 77, 81, 82, 83, 84, 85
principi filosofici, 77
principi morali, 15, 47, 59
principi senza tempo, 13
problemi, 7, 8, 16, 30, 39, 40, 54, 62, 74
processo di guarigione, 18
procrastinare, 10, 82
professionisti, 31
programmi, 68, 69
progresso, 3, 20, 22, 52, 79, 82, 83
progresso personale, 22
promuovere, 42, 69
pronto, 10
proporzione, 64, 65
proporzione appropriata, 64
prosperità, 38
prospettiva, 6, 14, 18, 30, 32, 50, 71, 73
prospettive, 21, 22, 32, 59, 61, 75, 76, 81, 85
prospettive filosofiche, 32
proteggere, 62, 63
prova, 17, 22, 52, 77, 83
provare, 4, 8, 20, 41, 80
pulizia, 53, 64
punti di forza, 30, 36, 61, 74
purezza, 53, 54, 55
purezza nelle relazioni, 54, 55
puzzle, 70
qualcuno, 16, 18, 26, 29, 30, 32, 33, 35, 37, 39, 43, 45, 47, 50, 53, 56, 58, 59, 60, 71, 73, 74, 75, 76, 77, 78, 79, 80, 82, 85
qualcuno ti dice, 53, 76, 77
qualità, 37, 38, 42, 46, 56, 65, 74, 75
qualità personali, 38

qualità superficiali, 74
qualità superiore, 74
rabbia, 19, 71
radicato, 21
raffinato, 74
ragazzo schiavo, 23
raggiungere, 2, 3, 11, 17, 23, 38, 46, 49, 58, 79, 82, 83, 84
ragionamento, 51, 75
ragione, 51, 52, 82, 83
ragioni, 26, 76, 83, 84
realizzare, 4
realizzazione, 8, 9, 31, 36, 38, 65, 79
realizzazioni, 22, 30
realtà del male, 42
reazioni, 20, 48
relazione, 32, 47, 49, 60, 65, 73
relazione positiva, 73
relazioni, 19, 28, 29, 47, 48, 53, 63, 65, 67, 69, 75
relazioni sane, 69
reputazione, 1, 45
resiliente, 22
resilienza, 9, 15, 18, 19, 30, 43, 44, 57, 81
resistenza, 14, 16, 17, 18, 57, 77, 78
resistenza fisica, 77, 78
resistere alla tentazione, 58
respirare, 30, 31
responsabilità, 7, 10, 11, 13, 20, 24, 27, 36, 37, 42, 47, 48, 49, 58, 61, 62, 78, 79, 83
rete, 22, 72
ricchezza, 2, 3, 38, 75
ricerca della pace interiore, 14, 20
ricerca di attenzione, 77
ricompense, 40, 45
riconoscere, 1, 3, 18, 26, 30, 36, 40, 42, 43, 49, 74, 75, 85
riconoscimento, 8, 9, 22, 31, 38, 39, 40
riconoscimento esterno, 22, 38
ricostruire, 73
ridefinire, 23, 24
ridere, 52, 53, 55, 56
ridere in modo eccessivo, 52
rifiuti, 4, 25

INDICE

rifiuto, 26
riflettere, 10, 28, 29, 36, 40, 44, 56, 57, 59, 63, 81, 84
rimanere in silenzio, 52, 55, 77
Rimani connesso, 86
rimpianto, 57
rischi, 32, 45, 52, 59
rischio, 51, 76
risentimento, 19, 40, 72
risoluzione, 70, 72, 73
rispetto, 25, 37, 38, 43, 44, 46, 49, 50, 53, 54, 56, 60, 67, 76, 77
rispettoso, 37, 38, 59, 81
rispondere, 2, 4, 10, 47
risposte, 21, 23, 48, 51, 52
risultati soddisfacenti, 61
risultati tangibili, 77
risultato, 28, 51, 52, 56, 82, 86
riutilizzare, 65
routine di bagno, 75
ruoli di leadership, 69
ruolo, 8, 13, 27, 36, 37, 38, 46, 47, 54, 61, 62, 68, 69
ruolo assegnato, 27
sacrifici, 20, 37, 40, 46, 47
sacrificio, 39, 40
saggezza, 8, 36, 80, 83, 86
saggi consiglieri, 51, 52
saggio, 25, 85
salute, 16, 28, 44, 71
salute fisica, 28, 71
scarpe, 37, 64
scegliere, 46, 54
scelte, 1, 2, 4, 15, 22, 53, 55, 56, 59, 63
scelte personali, 53, 56
sciocco, 21, 23, 79
scopo, 5, 13, 16, 35, 36, 37, 55, 64
scuole, 69
se stesso, 37, 78
seduto, 59
segnali di fame, 70
seminari, 70
senatore, 29
senso, 8, 9, 13, 15, 19, 26, 30, 36, 44, 52, 60, 72, 74, 80, 85, 86
senso di impegno, 86
senso di merito, 26

senso di responsabilità, 19
senza speranza, 31
serenità, 19, 20
serenità mentale, 20
servitore, 46
servizi di consulenza, 68
sessualità, 67
sfida, 16, 18
sfide, 6, 7, 8, 9, 13, 14, 16, 17, 25, 30, 44, 45, 46, 47, 54, 68, 82
sfide emotive, 44
sfortuna, 4, 5, 26
sforzi, 2, 9, 24, 60, 62, 76
sforzo, 2, 3, 31, 39, 40, 61, 81
sfruttare, 52
significati, 60
significativo, 3, 8, 10, 61, 82
significato, 15, 16, 36, 37, 55
silenzio, 54, 56, 76
simpatia, 26, 27
sistemi educativi, 69
situazione, 2, 6, 10, 14, 16, 17, 21, 26, 27, 31, 39, 40, 51, 52, 53, 55, 58, 59, 60, 73
situazioni, 9, 13, 28, 29, 31, 39, 40, 44, 49, 52, 54, 62, 63, 72, 83
situazioni difficili, 9, 72, 83
Socrate, 7, 53, 76, 77, 82, 83
soddisfazione, 8, 13, 36, 57, 58, 65, 78
sofferenza, 18
soldi, 19, 25, 74
solitudine, 45, 63
soluzione, 51, 73
soluzione logica, 51
sopravvissuti, 42
sottomesso, 47, 48
spazi sicuri, 68
spettacoli pubblici, 53, 56
spettacolo, 45, 53, 77
spiegare, 80, 81
stabilire confini, 44
stato, 2, 18, 27, 29, 39, 40, 47, 48, 62, 85, 86
status sociale, 1, 3, 29, 45
stile di vita semplice, 77, 78
successi, 8, 9, 17, 22, 36, 53, 56, 59, 69

INDICE

successo, 2, 3, 9, 13, 17, 38, 40, 41, 46, 58, 61, 62, 65, 68, 69, 75, 82
successo finanziario, 38
successo materiale, 2, 3, 38
suggerimenti, 9, 59, 61, 63
superiore, 19, 49, 74, 80, 85, 86
superiori, 47, 48
supporto, 9, 14, 15, 30, 42, 44, 58, 59, 62, 63, 68, 72
svantaggi, 40
sviluppare, 17, 32, 33, 44, 68, 70, 71, 72, 84
sviluppo, 9, 16, 17, 18, 21, 22, 44, 56, 68, 69, 70, 71, 74, 75, 83
sviluppo personale, 9, 21, 44, 56, 70, 75, 83
talenti, 9, 45, 68
talento, 69
tazza preferita, 5
tecniche, 32, 44
tempo, 15, 22, 30, 32, 36, 40, 44, 45, 52, 56, 57, 59, 61, 63, 69, 70, 76, 81, 82, 83, 84, 85, 86
tentazione, 3, 9, 57, 58
terapia, 44
terapisti, 31
testimoni, 77
tragedia, 5, 41
tragedie, 6, 41
traiettoria, 6
tranquillità, 14, 20, 45, 47
trascurare, 22, 25, 61, 83, 84
trattamento preferenziale, 39
tristezza, 7, 20
trovare difetti, 78
trovare la pace interiore, 20
umile, 21, 76, 77
umiltà, 67
uomini, 67, 68
urlare, 56
validazione, 8, 36, 81
validazione esterna, 8, 36
validità, 71, 81

valore, 5, 25, 30, 44, 56, 65, 67, 68, 69, 71, 72, 74, 75, 83
valore sentimentale, 5
valori, 6, 7, 8, 15, 16, 21, 22, 28, 35, 36, 38, 40, 43, 47, 49, 59, 63, 67, 71, 81, 84
valori fondamentali, 6, 7, 21, 43, 67, 81
valori morali, 15, 47
valori personali, 15, 38, 40, 71
valutare, 35, 40, 46, 61, 65, 84
vantarsi, 56, 79, 80
vera essenza, 5, 15, 86
vera felicità, 29
vera libertà, 1, 2, 3, 24
vera natura, 5, 24
veramente, 2, 3, 8, 11, 23, 24, 30, 36, 37, 43, 51, 53, 55, 75, 80, 84
vergogna, 36
verità, 9, 83
veritiero, 84
vero impatto, 4
versione, 75
viaggiatori, 18, 19
viaggio, 9, 10, 19, 26
vicini, 47, 48
vita, 1, 8, 9, 10, 13, 14, 15, 16, 17, 18, 19, 21, 22, 24, 25, 26, 29, 31, 32, 35, 36, 39, 41, 47, 55, 58, 64, 65, 67, 69, 70, 78, 80, 81, 82, 83, 84, 85
vita virtuosa, 13
vite, 1, 13, 49, 85
vite moderne, 13
vittime, 42
vittoria, 46, 58
vittoria olimpica, 46
vivere, 5, 8, 13, 16, 19, 31, 36, 80, 82, 83, 84, 85
vivere in armonia, 80
vizio, 23, 24
workshop, 61, 68, 70
yoga, 14

www.ingramcontent.com/pod-product-compliance
Lightning Source LLC
LaVergne TN
LVHW020423080526
838202LV00055B/5008